최강
국기
백과

지은이 파이인터내셔널(パイインターナショナル)

1971년 설립된 일본 도쿄에 위치한 출판사입니다. 책에는 사람의 삶을 변화시키는 힘이 있다고 믿으며, 세계의 아름다운 것들을 책으로 엮어 출간하고 있습니다. 해외 기획 및 판매도 적극적으로 실시하여 전 세계의 독자를 만나고 있습니다.

그린이 오카타오카

1986년 일본 미야자키현에서 태어났습니다. 구와사와 디자인 연구소를 졸업했습니다. 잡지와 서적, 어패럴, 광고 등의 일러스트를 중심으로 폭넓게 활동하고 있습니다. 그림책으로는 《신참 곰》, 《소리로 읽는 옛날이야기 23마리의 새끼 돼지》가 있습니다. 삽화로는 《카레 도감》 등이 있습니다.

감수자 후키우라 타다마사

1941년 일본 아키타현에서 태어났습니다. 1964년 도쿄 올림픽 조직위원과 1998년 나가노 동계 올림픽에서 국기와 의전 관련 일을 했습니다. 2020년 도쿄 올림픽과 패럴림픽에서는 조직위 국제국 어드바이저로 취임되었습니다. 사이타마대학 교수이자 법무성 난민 심사 참여원이기도 합니다. 그밖에도 사회복지 법인 서포터21 회장으로 NPO법인 유라시아21연구소 이사장과 NPO법인 세계의 국기·국가 연구협회 공동대표 등을 맡고 있습니다. 국기에 관한 저서는 50권 이상에 달합니다.

옮긴이 장현주

인천대학교 일어일문학과를 졸업한 후 일본 분쿄대학 대학원에서 문학 석사 학위를 취득했습니다. 현재 전문 번역가로 활동하고 있으며 그동안 번역한 책으로는 《엉덩이 날씨》, 《끙끙끙, 다른 그림 찾기》, 《눈물이 찔끔 나는 생물 도감》 등이 있습니다.

최강 국기 백과

초판 1쇄 발행일 2024년 4월 30일 | **초판 2쇄 발행일** 2024년 12월 5일

지은이 파이인터내셔널(パイインターナショナル) | **그린이** 오카타오카
감수자 후키우라 타다마사 | **옮긴이** 장현주 | **사진출처** Alamy, Wikimedia
펴낸곳 보랏빛소 | **펴낸이** 김철원 | **책임편집** 김이슬 | **편집** 홍지회 | **디자인** 진선미 | **마케팅·홍보** 이운섭
출판신고 2014년 11월 26일 제2015-000327호 | **주소** 서울시 마포구 양화로1길 29 2층
대표전화·팩시밀리 070-8668-8802 (F)02-323-8803 | **이메일** boracow8800@gmail.com

Korean edition cover design: Jin, seon mi

Originally published in Japan by PIE International
Under the title 国旗えじてん (Kokki Ejiten)
© 2022 Okataoka / PIE International
Original Japanese Edition Creative Staff:
監修 吹浦忠正
絵 オカタオカ
文 長久保洋子
日本語版デザイン 辻中浩一 + 小池万友美、村松亨修、小山内毬絵（ウフ）
編集 池田真純

Korean translation rights arranged through BC Agency, Korea

All rights reserved. No part of this publication may be reproduced in any form or by any means, graphic, electronic or mechanical, including photocopying and recording by an information storage and retrieval system, without permission in writing from the publisher.

- 이 책의 한국어 판 저작권은 BC에이전시를 통해 저작권자와 독점계약을 맺은 보랏빛소에 있습니다.
- 저작권법에 의해 한국 내에서 보호를 받는 저작물이므로 무단전재와 복제를 금합니다.
- 책값은 뒤표지에 있습니다. 잘못된 책은 구입한 곳에서 바꾸어 드립니다.

KC 어린이제품 안전특별법에 의한 제품 표시사항
제조자명: 보랏빛소 | 제조국명: 대한민국 | 제조년월: 2024년 12월 | 사용연령: 5세 이상

최강 국기 백과

지은이 파이인터내셔널
그린이 오카타오카
감수자 후키우라 타다마사
옮긴이 장현주

보랏빛소 어린이
Borabit Cow

목차

- 국기를 알자 ·············· 8
- 세계 지도 ·············· 10
- 이 책을 보는 방법 ·············· 12

아시아 MAP MAP→14

아제르바이잔 공화국 ······ 15	캄보디아 왕국 ······ 29	필리핀 공화국 ······ 51
아프가니스탄 이슬람 공화국 ··· 16	북한(조선 민주주의 인민 공화국) ··· 30	부탄 왕국 ······ 52
아랍 에미리트 연합국 ······ 18	키르기즈 공화국(키르기스스탄) ··· 31	브루나이 다루살람 ······ 52
아르메니아 공화국 ······ 18	쿠웨이트국 ······ 31	베트남 사회주의 공화국 ··· 53
예멘 공화국 ······ 19	사우디아라비아 왕국 ······ 32	말레이시아 ······ 54
이스라엘 ······ 20	조지아 ······ 33	미얀마 연방 공화국 ······ 55
이라크 공화국 ······ 21	시리아 아랍 공화국 ······ 33	몰디브 공화국 ······ 56
이란 이슬람 공화국 ······ 22	싱가포르 공화국 ······ 34	몽골 ······ 57
인도 공화국 ······ 23	스리랑카 민주 사회주의 공화국 ··· 35	요르단 하심 왕국 ······ 58
인도네시아 공화국 ······ 25	태국(타이 왕국) ······ 36	라오 인민 민주주의 공화국 ··· 59
우즈베키스탄 공화국 ······ 26	대만(중화민국) ······ 37	레바논 공화국 ······ 59
오만 왕국 ······ 26	타지키스탄 공화국 ······ 39	
카자흐스탄 공화국 ······ 27	중국(중화 인민 공화국) ······ 40	
카타르국 ······ 27	투르크메니스탄 ······ 41	
한국(대한민국) ······ 28	튀르키예 공화국 ······ 42	
	일본 ······ 43	
	네팔 연방 민주 공화국 ······ 44	
	바레인 왕국 ······ 45	
	파키스탄 이슬람 공화국 ······ 46	
	팔레스타인 ······ 47	
	방글라데시 인민 공화국 ······ 48	
	동티모르 민주 공화국 ······ 49	

알면 더 재미있는 국기 이야기		
아랍의 네 가지 색 …… 17	'유니언 잭'의 기원과 변화 과정 … 66
위아래를 틀리기 쉬운 국기 …… 24	국기는 나라의 상징 …… 71
홍콩과 마카오의 기 …… 38	슬라브의 세 가지 색 …… 75
태양이 그려진 국기 …… 50	적십자사와 적신월사 표장 …… 78
국기의 종횡비 …… 60	많은 나라에 퍼진 삼색기 …… 90

유럽 MAP MAP→62

아이슬란드 공화국 …… 63	체코 공화국 …… 83	룩셈부르크 대공국 …… 101
아일랜드 공화국 …… 63	덴마크 왕국 …… 84	러시아 연방 …… 102
알바니아 공화국 …… 64	독일 연방 공화국 …… 85	
안도라 공국 …… 64	노르웨이 왕국 …… 86	
영국(그레이트 브리튼과 북아일랜드 연합 왕국) … 65	바티칸 시국(교황청) …… 86	
이탈리아 공화국 …… 67	헝가리 공화국 …… 87	
우크라이나 …… 68	핀란드 공화국 …… 88	
에스토니아 공화국 …… 68	프랑스 공화국 …… 89	
오스트리아 공화국 …… 69	불가리아 공화국 …… 91	
네덜란드 왕국 …… 70	벨라루스 공화국 …… 91	
북마케도니아 공화국 …… 72	벨기에 왕국 …… 92	
사이프러스 공화국 …… 72	폴란드 공화국 …… 93	
그리스 공화국 …… 73	보스니아 헤르체고비나 …… 94	
크로아티아 공화국 …… 74	포르투갈 공화국 …… 95	
코소보 공화국 …… 76	몰타 공화국 …… 96	
산마리노 공화국 …… 76	모나코 공국 …… 97	
스위스 연방 …… 77	몰도바 공화국 …… 97	
스웨덴 왕국 …… 79	몬테네그로 …… 98	
스페인 왕국 …… 80	라트비아 공화국 …… 98	
슬로바키아 공화국 …… 81	리투아니아 공화국 …… 99	
슬로베니아 공화국 …… 81	리히텐슈타인 공국 …… 99	
세르비아 공화국 …… 82	루마니아 …… 100	

아프리카 MAP MAP →104

알제리 인민 민주 공화국 …… 105	짐바브웨 공화국 …………… 124	모리셔스 공화국 …………… 142
앙골라 공화국 ……………… 106	수단 공화국 ………………… 124	모리타니 이슬람 공화국 …… 142
우간다 공화국 ……………… 107	세이셸 공화국 ……………… 126	모잠비크 공화국 …………… 143
이집트 아랍 공화국 ………… 108	적도기니 공화국 …………… 126	모로코 왕국 ………………… 144
에스와티니 왕국 …………… 109	세네갈 공화국 ……………… 127	리비아 ……………………… 145
에티오피아 연방 민주 공화국 … 110	소말리아 연방 공화국 ……… 128	라이베리아 공화국 ………… 145
에리트레아 ………………… 112	탄자니아 합중국 …………… 129	르완다 공화국 ……………… 146
가나 공화국 ………………… 113	차드 공화국 ………………… 130	레소토 왕국 ………………… 146
카보베르데 공화국 ………… 114	중앙아프리카 공화국 ……… 130	
가봉 공화국 ………………… 114	튀니지 공화국 ……………… 131	
카메룬 공화국 ……………… 116	토고 공화국 ………………… 131	
감비아 공화국 ……………… 116	나이지리아 연방 공화국 …… 132	
기니 공화국 ………………… 117	나미비아 공화국 …………… 133	
기니비사우 공화국 ………… 117	니제르 공화국 ……………… 133	
케냐 공화국 ………………… 118	부르키나파소 ……………… 134	
코트디부아르 공화국 ……… 119	부룬디 공화국 ……………… 134	
코모로 연방 ………………… 120	베냉 공화국 ………………… 135	
콩고 공화국 ………………… 120	보츠와나 공화국 …………… 136	
콩고 민주 공화국 …………… 121	마다가스카르 공화국 ……… 137	
상투메 프린시페 민주 공화국 … 122	말라위 공화국 ……………… 138	
잠비아 공화국 ……………… 122	말리 공화국 ………………… 139	
시에라리온 공화국 ………… 123	남아프리카 공화국 ………… 140	
지부티 공화국 ……………… 123	남수단 공화국 ……………… 141	

알면 더 재미있는 국기 이야기	아프리카의 세 가지 색 ……………… 111	국장이 많은 중남미 국기 ……………… 162
	아프리카 제국의 독립과 국기 ………… 115	비슷한 국기 ……………………………… 178
	국기에 그려진 세계유산 ……………… 125	국제 연합, 유럽 연합, 동남아시아 국가 연합,
	성조기 별의 개수 ……………………… 150	올림픽기·심벌 ………………………… 192
	동물이 그려진 국기 …………………… 155	

북·중앙아메리카 MAP MAP →148

미국(미합중국) ⋯⋯⋯⋯ 149	도미니카 연방 ⋯⋯⋯⋯ 160
앤티가 바부다 ⋯⋯⋯⋯ 151	트리니다드 토바고 공화국 ⋯⋯ 160
엘살바도르 공화국 ⋯⋯⋯⋯ 151	니카라과 공화국 ⋯⋯⋯⋯ 161
캐나다 ⋯⋯⋯⋯ 152	아이티 공화국 ⋯⋯⋯⋯ 161
쿠바 공화국 ⋯⋯⋯⋯ 153	파나마 공화국 ⋯⋯⋯⋯ 163
과테말라 공화국 ⋯⋯⋯⋯ 154	바하마 연방 ⋯⋯⋯⋯ 163
그레나다 ⋯⋯⋯⋯ 156	바베이도스 ⋯⋯⋯⋯ 164
코스타리카 공화국 ⋯⋯⋯⋯ 156	벨리즈 ⋯⋯⋯⋯ 164
자메이카 ⋯⋯⋯⋯ 157	온두라스 공화국 ⋯⋯⋯⋯ 165
세인트키츠 네비스 연방 ⋯⋯ 158	멕시코 합중국 ⋯⋯⋯⋯ 166
세인트빈센트 그레나딘 ⋯⋯ 158	
세인트루시아 ⋯⋯⋯⋯ 159	
도미니카 공화국 ⋯⋯⋯⋯ 159	

오세아니아 MAP MAP →182

호주(오스트레일리아 연방) ⋯ 183	
키리바시 공화국 ⋯⋯⋯⋯ 184	
쿡 제도 ⋯⋯⋯⋯ 184	
사모아 독립국 ⋯⋯⋯⋯ 185	
솔로몬 제도 ⋯⋯⋯⋯ 185	
투발루 ⋯⋯⋯⋯ 186	
통가 왕국 ⋯⋯⋯⋯ 186	
나우루 공화국 ⋯⋯⋯⋯ 187	
니우에 ⋯⋯⋯⋯ 187	
뉴질랜드 ⋯⋯⋯⋯ 188	
바누아투 공화국 ⋯⋯⋯⋯ 189	
파푸아뉴기니 독립국 ⋯⋯⋯ 189	
팔라우 공화국 ⋯⋯⋯⋯ 190	
피지 공화국 ⋯⋯⋯⋯ 190	
마셜 제도 공화국 ⋯⋯⋯⋯ 191	
미크로네시아 연방 ⋯⋯⋯ 191	

남아메리카 MAP MAP →168

아르헨티나 공화국 ⋯⋯⋯⋯ 169	파라과이 공화국 ⋯⋯⋯⋯ 175
우루과이 동방 공화국 ⋯⋯⋯ 170	브라질 연방 공화국 ⋯⋯⋯⋯ 176
에콰도르 공화국 ⋯⋯⋯⋯ 171	베네수엘라 볼리바르 공화국 ⋯ 177
가이아나 공화국 ⋯⋯⋯⋯ 172	페루 공화국 ⋯⋯⋯⋯ 179
콜롬비아 공화국 ⋯⋯⋯⋯ 173	볼리비아 다민족국 ⋯⋯⋯⋯ 180
수리남 공화국 ⋯⋯⋯⋯ 174	
칠레 공화국 ⋯⋯⋯⋯ 174	

한눈에 보는 세계 국기 ⋯⋯ 193	
나라별 국기 찾기 ⋯⋯ 198	
감수의 말 ⋯⋯ 200	

국기를 알자

① 국기 각 부분의 명칭을 알자

국기는 각각의 부분마다 이름이 있어요.

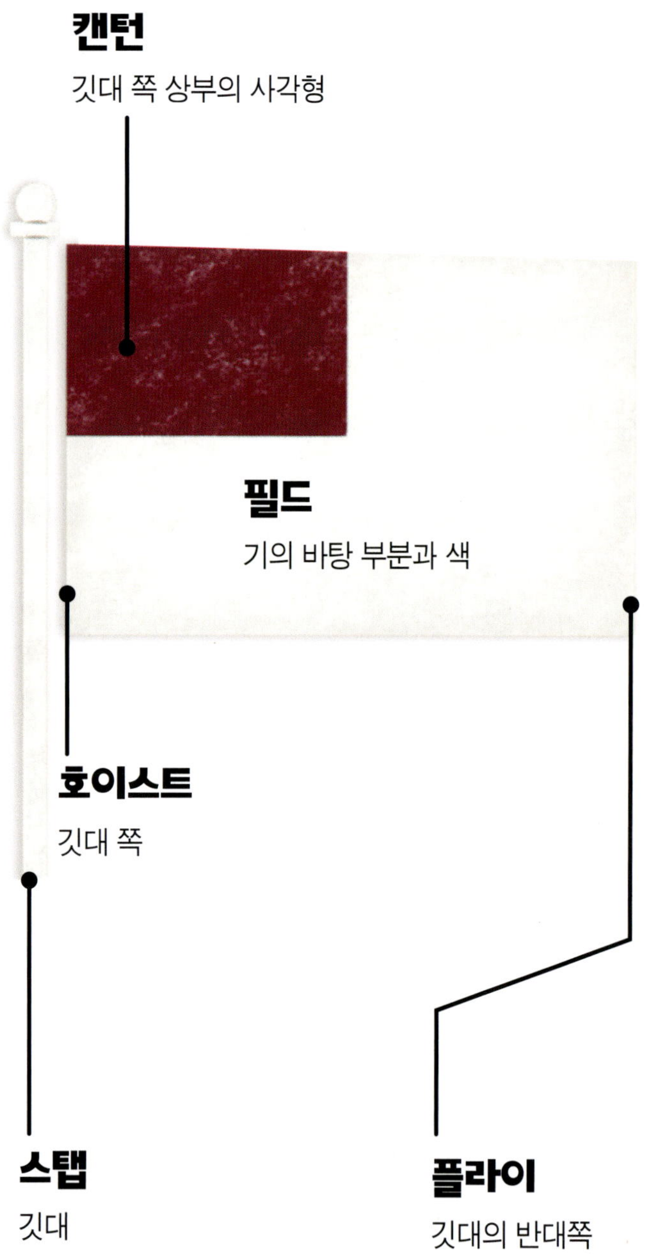

캔턴
깃대 쪽 상부의 사각형

필드
기의 바탕 부분과 색

호이스트
깃대 쪽

스탭
깃대

플라이
깃대의 반대쪽

② 국기의 규칙을 알자

국기는 나라를 상징하는 중요한 기(旗)로 그 나라의 전통과 이상을 나타내요.

국기를 다루는 방법

- 찢어지거나 더러워진 국기는 게양하지 않아요.
- 비가 오는 날이나 해가 진 후에도 국기를 게양하지 않아요.
- 집에 국기를 달 경우 밖에서 바라보는 것을 기준으로 중앙이나 왼쪽에 게양해요.
- 국기와 단체기를 같이 게양할 때는 국기를 위로 해요.

국기 배열법

- 여러 나라의 국기를 나란히 게양할 경우 우리나라 국기가 왼쪽에 오고, 다른 나라 국기가 오른쪽으로 오게 해요.

③ 국기의 디자인을 알자

국기에 들어간 색깔이나 모양에는 숨겨진 패턴과 의미가 있어요.
재미있고 신기한 국기의 디자인을 통해 국기의 변화와 역사를 알 수 있어요.

세로 삼색기	가로 삼색기	세로 이색기	가로 이색기
프랑스	독일	몰타	우크라이나

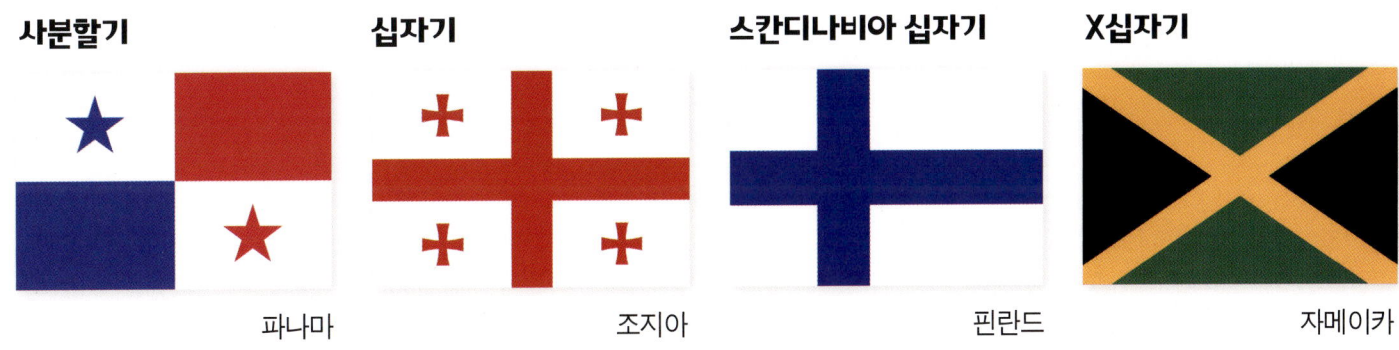

사분할기	십자기	스칸디나비아 십자기	X십자기
파나마	조지아	핀란드	자메이카

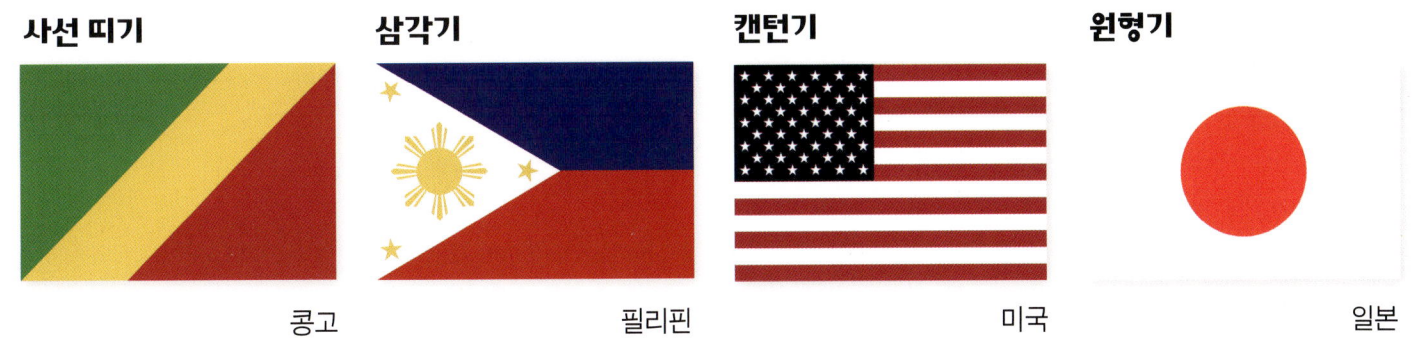

사선 띠기	삼각기	캔턴기	원형기
콩고	필리핀	미국	일본

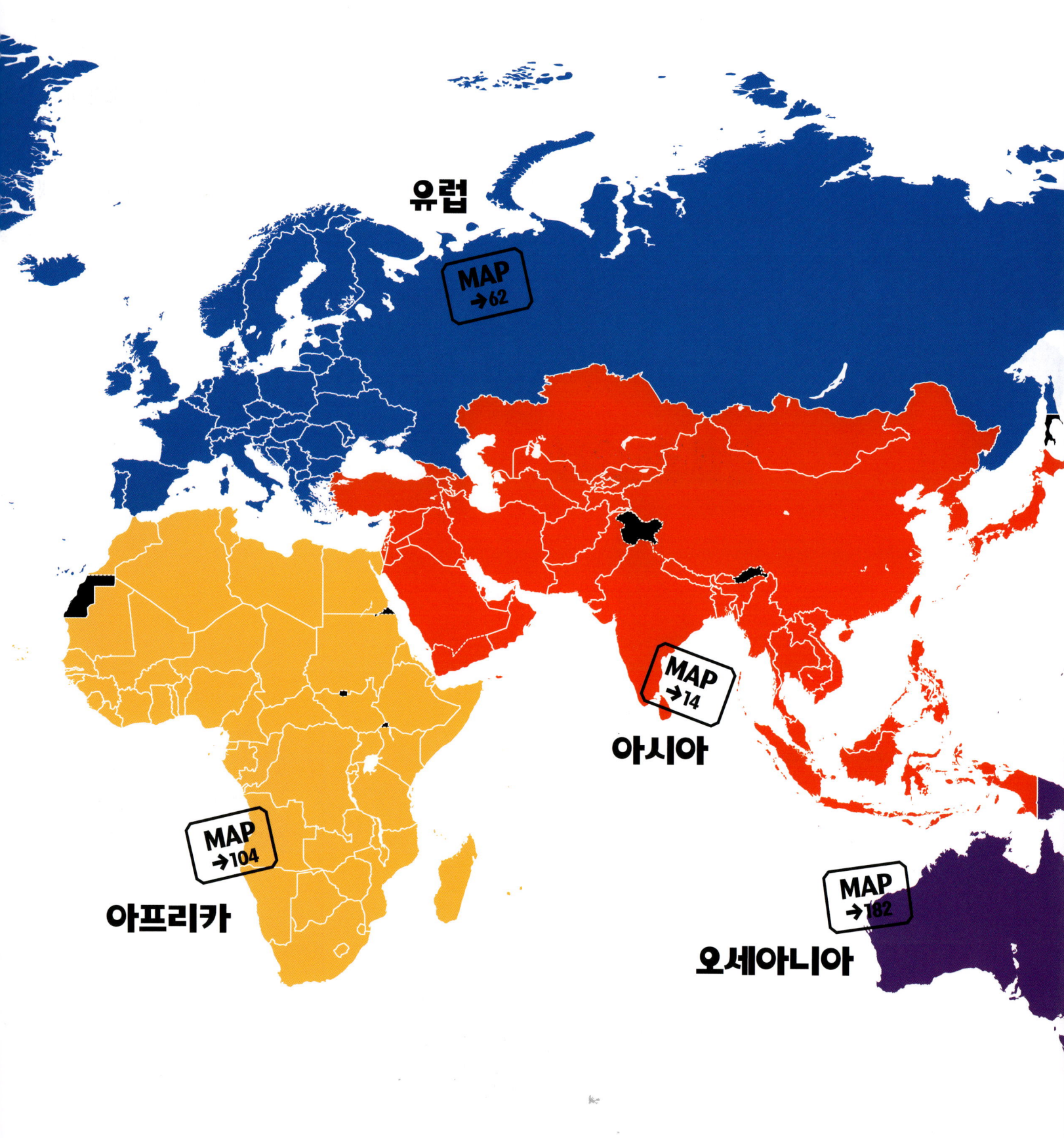

※일러두기
이 책의 지도에서 검정으로 표시한 지역은 국경·귀속이 애매한 지역입니다.
이외에도 다수의 국경·귀속이 애매한 지역이 존재합니다.
좁은 지역은 이 책의 지도에서는 생략했습니다.

이 책을 보는 방법

- 국명
- 영어 국명
- 국기
- 나라 설명과 특징
- 나라의 주요한 데이터
  수도·면적·인구·주요 언어
  국기의 종횡비
- 나라의 세계유산
  관광지·전통 의상
  음식·특산품 등

- 《최강 국가 백과》에는 199개국이 실렸습니다. 나라 이름과 서지 정보는 2023년 '대한민국 외교부' 홈페이지를 기준으로 참고했습니다. 유적, 유물, 지역 등의 이름은 '유네스코와 유산' 홈페이지 명칭에 따랐습니다. 각 나라의 국기, 의미, 설명 등은 출간 시점을 기준으로 수정 및 보완했습니다. 원서와 다른 부분이 있을 수 있습니다.

- 나라의 배열은 지역을 기준으로 아시아, 유럽, 아프리카, 북·중앙아메리카, 남아메리카, 오세아니아 순서로 원서와 동일합니다. 마지막 찾아보기는 '가나다 순'입니다.

- 러시아와 튀르키예는 지리적으로 유럽과 아시아 양쪽에 모두 포함됩니다. 러시아의 수도 모스크바는 유럽에 위치하기 때문에 유럽에 게재했습니다. 튀르키예의 수도 앙카라는 아시아에 위치하기 때문에 아시아에 게재했습니다.

- 일부 나라에서는 헌법·법률상의 수도와는 달리 그 나라의 중심적 존재로서 인정받는 도시가 사실상의 수도인 경우가 있습니다. 그런 경우 두 가지 모두 표기했습니다.
  예: 탄자니아 합중국
  　　다르에스살람(경제·행정 수도), 도도마(정치 수도)

- 나라에 따라 국기 비율이 다르기 때문에 종횡비를 표기했습니다. 복수의 국기를 병용할 경우는 국기의 종횡비를 통일하는 것이 관례입니다. 국제 연합(UN)과 올림픽에서 사용하는 종·횡 2 : 3 비율의 국기를 게재했습니다. 단, 네팔과 바티칸만 예외입니다. 또 표지에는 디자인의 편의를 위해 본문과는 다른 비율로 국기를 게재했습니다.

- 본문에 수록된 국기의 색상이 희끗하게 보이는 것은 디자인적인 효과로, 원서의 콘셉트를 그대로 따랐습니다.

아시아

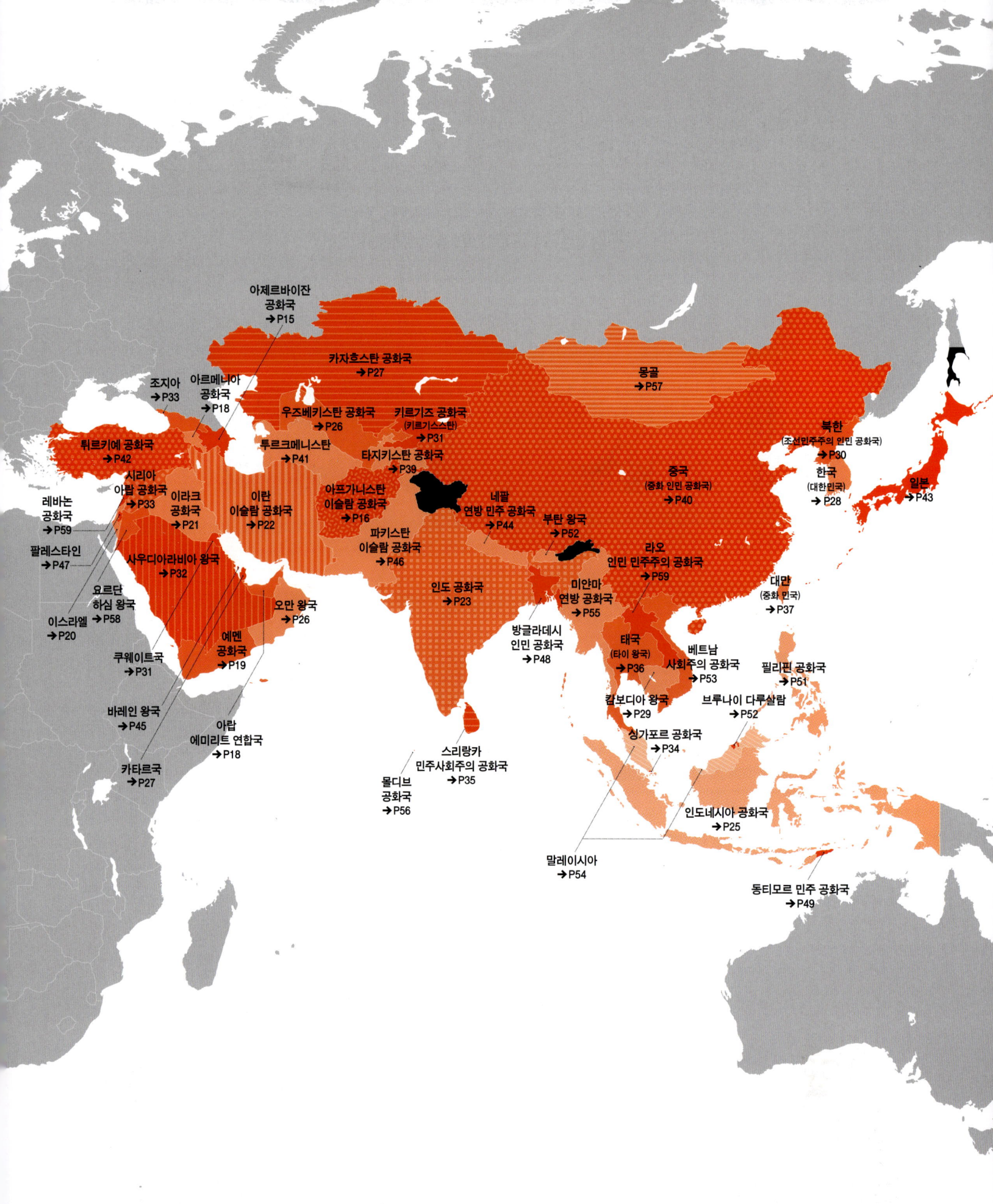

아제르바이잔 공화국

Republic of Azerbaijan

수도 바쿠 **면적** 8만 6,600㎢
인구 약 1,020만 명 **주요 언어** 아제르바이잔어
종횡비 1 : 2

- 카스피해와 맑은 하늘을 나타내는 파랑
- 나라 독립의 의지와 근대화·민주화의 결의를 나타내는 빨강
- 이슬람교를 상징하는 초록
- 이슬람 국가들의 국기에 흔히 새기는 달과 별
- 별에 있는 8개의 각은 튀르키예 민족을 나타내요.

아제르바이잔은 페르시아어에서 유래한 말로 '불의 나라'라는 뜻을 가지고 있어요. 이름처럼 천연가스와 석유가 많이 나는 나라예요. 아랍 여러 나라와 이란, 러시아 등의 나라로부터 문화의 영향을 받았어요. 수도 바쿠에는 현대 아제르바이잔의 상징인 불꽃 타워가 있어요. 세계유산으로 등재된 성곽 도시 시르반샤 궁전과 메이든 탑이 있어요. 근대 고층 빌딩과 뒤섞여 과거와 현재가 공존해요.

민속 음악인 무감은 타르, 카만차, 다프 등의 전통 악기를 사용하여 연주해요.

수도 바쿠의 상징
불꽃 타워

전통 춤이 전해 내려와요.

아프가니스탄 이슬람 공화국

Islamic Republic of Afghanistan

수도 카불　**면적** 65만 2,000㎢
인구 약 3,494만 명　**주요 언어** 다리어, 파슈토어, 투르크어
종횡비 2 : 3

← 다른 나라의 침략을 받은 암흑시대를 나타내는 검정

← 나라를 지키기 위해 흘린 사람들의 피를 나타내는 빨강

← 가운데 예배당을 둘러싼 보리 이삭

자유와 평화를 나타내는 초록 →

이슬람교의 예배당 모스크 →

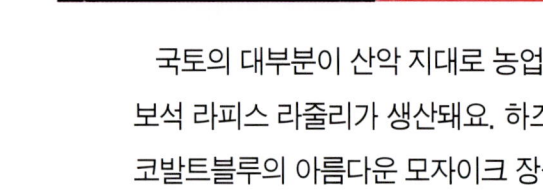

국토의 대부분이 산악 지대로 농업과 목축을 많이 해요. 푸른빛 보석 라피스 라줄리가 생산돼요. 하즈랏 알리의 신전 블루 모스크는 코발트블루의 아름다운 모자이크 장식으로 유명해요. 20세기에 들어와서 정권이 몇 번이나 바뀌고 국기도 여러 번 변경되었어요.

전통 의상 부르카　　산악 지대에 사는 유목민　　하즈랏 알리의 신전 블루 모스크

※아프가니스탄 이슬람 공화국은 2021년 8월, 탈레반 정권의 공격으로 붕괴되었어요.

알면 더 재미있는 국기 이야기

아랍의 네 가지 색

아랍은 아라비아반도를 중심으로 서아시아부터 북아프리카 부근까지의 지역을 말해요. 아랍 나라들은 아랍어를 공용어로 사용하며 대부분의 사람들이 이슬람교를 믿어요.

아랍 나라들의 대부분의 국기는 초록·하양·빨강·검정을 조합해 만들어요. 이 네 가지 색을 '범아랍 색'이라고 해요.

초록은 10~12세기에 북아프리카와 이집트를 지배한 파티마 왕조 시대에 지도자였던 알리 이븐 아비 탈리브를 지지하는 색이라고 해요. 알리는 이슬람교 창시자인 무함마드의 딸 파티마와 결혼해 이슬람교를 널리 퍼뜨리는 데 힘쓴 인물로, 제4대 칼리프(무함마드의 후계자로 이슬람 국가의 최고 권위자)가 되었어요.

하양은 우마이야 왕조가 사용했던 하얀색 기에서 유래했어요. 그리고 무함마드가 이끈 군대의 첫 전투이자 이슬람 역사에서 첫 승리를 거둔 '바드르 전투(624년)'를 기억하는 색이라고 해요.

빨강은 하와리즈파(카와리지파) 기의 색으로 나중에 북아프리카인들의 기에도 사용되었어요. 근대에 들어와서 이 빨강은 아라비아반도의 홍해 연안 지역 헤자즈를 지배한 하심가(현 요르단 왕가 등)를 상징하는 색도 되었어요.

검정은 정통 칼리프 시대 깃발의 색이자 전쟁 희생자를 추모하는 색이기도 해요.

튀니지

이집트

예멘

알제리

아랍의 여러 나라 중에 초록·하양·빨강·검정 범아랍 색의 국기를 사용하지 않은 나라는 튀니지(튀르키예와 같은 빨강·하양 두 가지 색), 이집트와 예멘(빨강·하양·검정 세 가지 색), 알제리(빨강·하양·초록 세 가지 색)예요. 파랑을 사용하지 않는 것이 특징이에요.

아랍 에미리트 연합국

The United Arab Emirates

수도 아부다비　**면적** 8만 3,600㎢
인구 약 951만 명　**주요 언어** 아랍어
종횡비 1 : 2

희생자의 피를
나타내는 빨강

풍요로운 국토를
나타내는 초록

평화와 순수함을
나타내는 하양

나라의 경제를 지탱하는
석유를 나타내는 검정

석유와 천연가스가 풍부한 나라예요. 관광업이 발달해 외국인이 많이 방문해요. 두바이에 있는 부르즈 할리파 빌딩은 높이가 828m로 세계에서 가장 높아요.

국토의 대부분이 사막으로
낙타는 운송 수단이자
귀한 식재료예요.

두바이 랜드마크
부르즈 할리파

아르메니아 공화국

Republic of Armenia

수도 예레반　**면적** 2만 9,743㎢
인구 약 296만 명　**주요 언어** 아르메니아어, 러시아어
종횡비 1 : 2

희생자의 피를
나타내는 빨강

풍요로운 국토와
하늘을 나타내는 파랑

민족의 단결과 용기를
나타내는 오렌지색

국토의 대부분이 산악 지대로 이루어져 포도 농사를 많이 지어요. 세계에서 가장 오래된 와인 생산 국가예요. 과실을 증류해 만든 브랜디와 와인이 유명해요. 4세기 초, 세계 최초로 기독교를 국교로 삼았어요.

체스가 의무
교육이에요.

매년 와인 축제가
열려요.

예멘 공화국

Republic of Yemen

수도 사나 **면적** 52만 7,968㎢

인구 약 3,408만 명 **주요 언어** 아랍어

종횡비 2 : 3

- 국가의 독립을 이루려는 열망과 순교자의 피를 나타내는 빨강
- 빛나는 미래를 나타내는 하양
- 과거의 암흑시대를 나타내는 검정

북예멘(위)과 남예멘(아래)이 통일되어 예멘 공화국이 되었어요. 두 국기의 공통점만 남아 지금의 국기가 만들어졌어요.

아라비아반도 남쪽 끝에 있는 나라예요. 수도 사나는 해발 2,300m의 고원에 있는 도시로, 3,000년의 오랜 역사가 있어요. 항구 도시 '아덴'은 오래전부터 중계 무역항으로 번성했어요. 세계 자연유산 소코트라섬에는 신기한 모습을 한 식물이 많이 자라고 있어요.

세계유산 사나 옛 시가지

커피 역사가 깊고 유명해요.

소코트라섬

이스라엘

State of Israel

수도 예루살렘 **면적** 면적 2만 770㎢(1967년 이후 점령지 제외)
인구 약 959만 명 **주요 언어** 히브리어, 아랍어, 영어
종횡비 8 : 11

팔레스타인의 하늘을 나타내는 파랑

유대인과 유대교의 상징인 육각별이에요. 고대 이스라엘 왕의 방패에서 유래해 '다윗의 별'이라고 불려요.

시오니스트(팔레스타인에 유대인의 나라를 세우려는 뜻을 가진 사람) 마음을 나타내는 하양

유대교에서 기도할 때 걸치는 '탈리트 숄'도 파랑과 하얀색이에요.

대부분의 국민이 유대인으로 유대교를 믿어요. 2,000년 동안 세계 각지에 흩어져 있던 유대인이, 제2차 세계 대전 후 1948년에 팔레스타인 땅에서 독립하여 만든 나라예요. 예루살렘은 유대교, 기독교, 이슬람교 세 종교의 성지로 많은 사람들이 찾는 성지 순례 명소랍니다.

세계유산
예루살렘 옛 시가지와 성곽

미네랄이 풍부한 사해의 진흙

병아리콩을 삶고 으깨서 페이스트 형태로 만든 전통 요리 훔무스

이라크 공화국

Republic of Iraq

수도 바그다드 **면적** 44만 1,839㎢
인구 약 3,965만 명 **주요 언어** 아랍어, 쿠르드어
종횡비 2 : 3

전쟁에서 흘린 피를 나타내는 ▶ 빨강

밝은 미래를 나타내는 ▶ 하양

◀ 초록은 아랍어로 '알라는 위대하다'라는 의미예요.

◀ 칼리프 시대의 영광과 과거의 억압을 나타내는 검정

나라 한가운데를 티그리스강과 유프라테스강이 흐르고 있어요. 세계에서 가장 오래된 메소포타미아 문명이 여기서 출발했어요. 문학, 문자, 농업 등 인류 최초 문명이 발전하면서 많은 고대 유적을 남겼어요. 1979년 사담 후세인이 대통령이 된 후에 전쟁을 거듭했으나 최종적으로 다국적군에 패배했어요.

9세기에 번성했던 사마라 고고 유적 도시

《아라비안 나이트》 이야기의 배경 수도 바그다드

마스코프는 잉어를 구운 전통 음식이에요.

이란 이슬람 공화국

Islamic Republic of Iran

수도 테헤란 **면적** 164만㎢
인구 약 8,490만 명 **주요 언어** 페르시아어
종횡비 4 : 7

이슬람교를 상징하는 초록 ▶

평화를 나타내는 하양 ▶

전쟁에서 흘린 피를 나타내는 빨강 ▶

◀ 초록 띠 아래와 빨강 띠 위에 '알라는 위대하다'라고 각각 11번씩 쓴 게 더해져 22번이에요.

◀ 이 숫자는 이란 혁명이 이란력 바흐만월 22일(서기 1997년 2월 11일)에 일어난 것에 유래해요.

1935년 페르시아에서 이란으로 나라 이름을 바꾸었어요. 국토의 대부분이 고원 지대로 양을 방목하며 페르시아 양탄자가 유명해요. 기원전 수도의 흔적인 페르세폴리스와 초가 잔빌 등 세계유산에 등재되어 있는 유적이 많이 있어요.

전통 의상 차도르

페르시아 양탄자

페르세폴리스의 만국의 문

인도 공화국

Republic of India

수도 뉴델리 **면적** 328만 7,782㎢
인구 약 13억 8,000만 명 **주요 언어** 힌디어, 영어
종횡비 2 : 3

사프란은 향신료로 카레와 잘 어울려요.

용기와 희생을 나타내는 사프란색

진리와 평화를 나타내는 하양

공정과 기사도를 나타내는 초록

가운데 문양은 불교의 상징인 '법륜'으로 인도를 통일했던 아소카 왕이 기원전 3세기 세운 '사자주두'에 새겨져 있는 문양에서 따왔어요. 영국의 지배를 받을 때는 법륜이 아니라 전통적인 물레가 그려져 있었어요.

여러 민족이 있고 다양한 종교를 믿어요. 2023년을 기준으로 세계에서 가장 인구가 많은 나라예요. 국기의 사프란색은 힌두교, 초록은 이슬람교, 하양은 그 외의 종교를 나타내요. 벼와 목화, 밀 등을 재배하고 컴퓨터 관련 산업이 발달했어요.

전통 의상
셰르와니와 사리

※파키스탄, 중국과의 분쟁 지역을 포함해요.

타지마할은 무굴 제국의 황제 샤자한이 사랑하는 아내를 위해서 만든 무덤이에요.

코끼리가 유명해요.

알면 더 재미있는 국기 이야기

위아래를 틀리기 쉬운 국기

국기는 한 나라의 역사와 문화를 담고 있는 중요한 상징이에요. 때문에 국기를 게양할 때는 세심한 주의가 필요해요.

그런데 위아래가 헷갈려 거꾸로 게양하기 쉬운 국기가 있어요. 그중 하나가 인도 국기랍니다. 초록색과 사프란색 중에 어느 색이 위인지 확실히 기억하지 않으면 틀리기 쉬워요. 인도는 힌두교를 믿는 사람들이 많기 때문에 힌두교의 색인 사프란색이 위쪽이라고 기억하면 좋아요.

그 밖에도 가로로 된 삼색기(세 가지 색깔의 기) 중에도 위아래를 틀리기 쉬운 국기가 있으니 잘 기억해야 해요.

그런데 전혀 그런 걱정을 할 필요가 없이 위아래를 거꾸로 게양해도 괜찮은 국기도 있어요. 거꾸로 게양해도 국기의 모양이 바뀌지 않거든요. 대표적인 국기가 일본의 '일장기'예요.

그 밖에도 이스라엘, 조지아, 태국, 라오스, 북마케도니아, 나이지리아, 보츠와나, 오스트리아, 스위스, 라트비아, 자메이카 등의 국기가 있어요.

위아래를 구분해야 하는 국기

인도　　독일　　러시아

영국　　한국　　필리핀

위아래를 구분하지 않아도 되는 국기

일본　　이스라엘

조지아　　태국

인도네시아 공화국

Republic of Indonesia

수도 자카르타 **면적** 191만 6,820㎢
인구 약 2억 7,485만 명 **주요 언어** 인도네시아어
종횡비 2 : 3

자유와 용기를 나타내는 빨강 ▶

정의와 순결을 나타내는 하양 ▶

모나코 국기와 인도네시아 국기는 종횡비가 다를 뿐 생김새가 비슷해요. 인도네시아 국기가 가로로 좀 더 길어요. 국제 연합과 올림픽에서는 2 : 3 비율에 맞추기 때문에 잘 구별되지 않아요.

자바섬과 수마트라섬 등 크고 작은 많은 섬으로 이루어져 있어요. 세계에서 가장 많은 이슬람교도가 있는 나라로도 알려져 있어요. 이전에 네덜란드와 일본에 점령당했으나 제2차 세계 대전 후에 독립을 이루었어요. 발리섬에서 전해 내려오는 무용극 케착이 유명하며 '멍키 댄스'라고도 불려요.

두리안, 망고, 바나나, 용과, 망고스틴 등 열대 과일이 풍부해요.

전통 기악 합주곡 가믈란

전통 무용극 케착 댄스

우즈베키스탄 공화국

Republic of Uzbekistan

수도 타슈켄트 **면적** 44만 7,400㎢
인구 약 3,390만 명 **주요 언어** 우즈베크어, 러시아어
종횡비 1 : 2

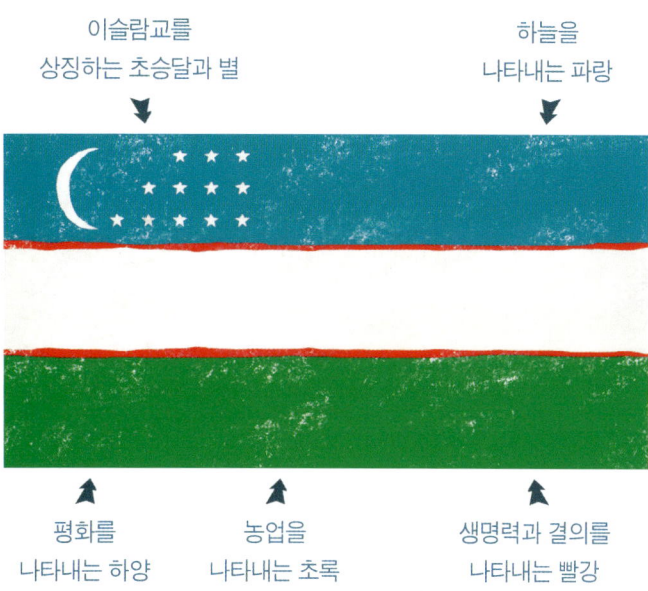

이슬람교를 상징하는 초승달과 별 / 하늘을 나타내는 파랑
평화를 나타내는 하양 / 농업을 나타내는 초록 / 생명력과 결의를 나타내는 빨강

세계적으로 유명한 목화 생산국이며 농업이 발달했어요. 대부분의 사람들이 이슬람교를 믿어요. 동서양을 이어 주는 문화의 교차로 사마르칸트는 세계유산으로 '푸른 도시'라고 불려요.

사마르칸트에 있는 비비하눔 모스크 / 전통 직물 아틀라스

오만 왕국

Sultanate of Oman

수도 무스카트 **면적** 30만 9,500㎢
인구 약 477만 명 **주요 언어** 아랍어, 영어
종횡비 1 : 2

전통 단검 칸자르에 장검 2개를 조합한 문양으로 국왕의 권위를 상징해요. / 평화를 나타내는 하양
외세 침략에 나라를 지키려는 의지를 담은 빨강 / 번영을 나타내는 초록

매년 전통을 지키기 위한 낙타 경주가 열려요. 남부의 도파르 지방은 향수의 원료로도 쓰이는 유향이 나는 곳으로 유명해요. 그 밖에도 석유와 천연가스가 많이 나요.

유향나무
낙타 경주는 인기 있는 사회 풍습으로 문화유산이에요.

카자흐스탄 공화국

Republic of Kazakhstan

수도 아스타나 **면적** 272만 4,900㎢
인구 약 1,964만 명 **주요 언어** 카자흐어, 러시아어
종횡비 1 : 2

금색 전통 문양

민족과 문화의 조화를 나타내는 파랑

태양과 독수리는 희망과 자유를 의미해요.

카스피해와 중국 사이에 펼쳐진 커다란 나라예요. 세계에서 아홉 번째로 큰 나라로 '중앙아시아의 거인'이라고 불려요. 1991년 구 소비에트 연방을 구성했던 공화국이 해체되면서 독립했어요.

바이코누르 우주 기지는 러시아의 로켓 발사 기지로 세계 최초이자 가장 큰 우주선 발사 기지예요.

검독수리 사냥

카타르국

State of Qatar

수도 도하 **면적** 1만 1,581㎢
인구 약 267만 명 **주요 언어** 아랍어, 영어
종횡비 11 : 28

9개의 하얀 톱니는 카타르가 영국의 보호령으로 편입된 아홉 번째 토호국을 나타내요.

원래는 빨강이었지만 염료가 변색한 것을 계기로 적갈색이 되었어요.

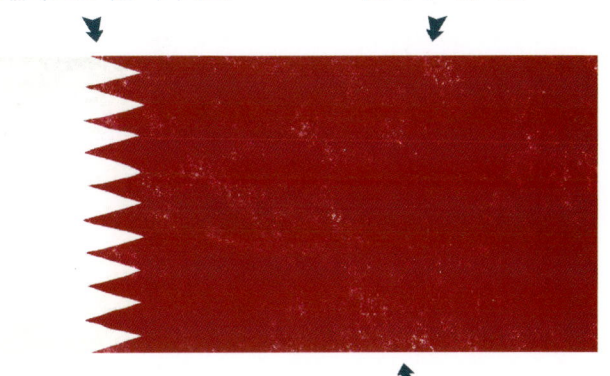

현재 사용되고 있는 국기 중에서 가로가 가장 길어요.

아라비아반도에 위치하며 석유와 천연가스가 많이 나는 나라예요. 나라의 대부분이 사막이지만 수도 도하에는 화려한 고층 빌딩이 늘어서 있어요.

수도 도하의 고층 빌딩

한국(대한민국)

Republic of Korea

수도 서울 **면적** 10만 443㎢
인구 약 5,155만 명 **주요 언어** 한국어
종횡비 2 : 3

네 모서리의 4괘는 우주 만물 중에서 하늘(건)·땅(곤), 물(감)·불(리)을 상징해요.

밝음과 순수, 평화를 사랑하는 민족을 나타내는 하양

가운데의 태극 문양은 음(파랑)과 양(빨강)의 조화를 의미해요. 우주 만물이 음양의 상호 작용으로 생명을 얻고 발전한다는 대자연의 진리를 표현한 것이에요.

아시아 대륙의 동쪽 끝 한반도에 위치한 나라로 삼면이 바다로 둘러싸여 있어요. 단일 민족으로 오랜 역사를 이어 오고 있으나 1910년부터 35년 동안 일제강점기를 겪었어요. 광복 후에 한국 전쟁을 거쳐 남한과 북한으로 분단되는 아픈 역사가 있어요. 고유의 전통 음식인 김치와 전통 무예인 태권도가 유명해요.

민족 전통 의상 한복

김치를 담그는 김장은 오랫동안 전해진 문화유산이에요.

태권도는 전통 무예로 발차기가 특징이에요.

캄보디아 왕국

Kingdom of Cambodia

수도 프놈펜 **면적** 18만 1,035㎢
인구 약 1,599만 명 **주요 언어** 크메르어, 프랑스어, 영어, 중국어
종횡비 2 : 3

국왕의 힘, 농업과 자연 문화를 나타내는 파랑

국가와 민족을 나타내는 빨강

가운데 그림은 앙코르와트 사원이에요.

불교를 상징하는 하양

국기에 있는 세계유산 앙코르와트는 세계 최대 규모의 사원이에요. 나라의 상징적인 존재이자 캄보디아인의 긍지예요. 12세기 전반에 힌두교 사원으로 건립되었으나 16세기에 불교 사원으로 바뀌었어요. '큰 호수'라는 뜻을 가진 톤레사프호에는 나무 기둥 위에 집을 지은 수상 가옥이 있어요. 자연환경과 전통이 잘 어우러져 유명해요.

톤레사프호는 동남아시아 최대의 호수예요.

세계유산 앙코르와트

오렌지색 승복을 입은 승려

북한(조선 민주주의 인민 공화국)

Democratic People's Republic of Korea

수도 평양 **면적** 12만 540㎢
인구 약 2,616만 명 **주요 언어** 한국어(조선어)
종횡비 1 : 2

평화를 나타내는 파랑

투쟁과 혁명 정신을 나타내는 빨강

오각별은 사회주의 국가 건설을 의미하며 깃대 쪽에 둔 것이 특징이에요.

광명을 나타내는 하양

한반도의 북반부에 위치한 나라예요. 1948년, 한반도가 남북으로 분단되어 남측은 대한민국(한국), 북측은 조선 민주주의 인민 공화국(북한)으로 각각 정부가 수립되었어요. 개성은 고려 시대의 수도로 북한의 국보인 남대문이 있어요. 성벽을 포함해서 개성 성곽은 세계유산에 등재되어 있어요.

개성의 역사 기념물과 유적 남대문

부채춤은 한복을 입고 화려한 부채를 들고 추는 춤이에요.

평양냉면은 장수와 환대를 의미하는 대표 음식이에요.

키르기즈 공화국(키르기스스탄)

Kyrgyz Republic

수도 비슈케크 **면적** 19만 9,951㎢
인구 약 675만 명 **주요 언어** 키르기스어, 러시아어
종횡비 3:5

가운데 무늬는 유목민의 전통 집인
유르트의 천장을 표현한 거예요.

용기를 나타내는 빨강 | 태양이 쏘는 40개의 햇살은 40여 개의 민족을 나타내요.

양과 염소 등을 방목해 목축을 기르는 산악 국가예요. 목축업이 발달되고 유제품이 유명해요. 요구르트를 건조시킨 보존식 쿠루트는 전통 발효 음식이에요. 양털을 사용해서 만든 펠트 제품도 있어요. 유목민의 이동식 주거 유르트를 볼 수 있어요.

이동이 가능한 전통 집 유르트 | 전통 의상

쿠웨이트국

State of Kuwait

수도 쿠웨이트 시티 **면적** 1만 7,818㎢
인구 약 489만 명 **주요 언어** 아랍어, 영어
종횡비 1:2

전쟁터의 모래 먼지를 나타내는 검정 | 번영을 나타내는 초록

용기와 피를 나타내는 빨강 | 순결과 고귀함을 나타내는 하양

작은 나라지만 세계에서 손꼽히는 석유 산유국으로 수출이 많아요. 여름에는 기온이 50도 가까이 되는 더운 나라예요. 1961년에 영국으로부터 독립했어요. 1990년 '걸프 전쟁'에서 이라크의 침공을 받았어요.

전통 의상 디스타샤 | 쿠웨이트 타워

사우디아라비아 왕국

Kingdom of Saudi Arabia

수도 리야드 **면적** 215만㎢
인구 약 3,549만 명 **주요 언어** 아랍어
종횡비 2 : 3

아랍어로 쓰인 샤하다(신앙고백)예요. 성구를 뒷면에서도 똑같이 읽을 수 있도록 같은 국기 2장을 맞붙여 만들어요.

성지 메카의 수호를 의미하는 검

아라비아반도의 대부분을 차지하는 커다란 나라예요. 국토의 대부분이 사막이고 석유가 많이 나요. 7세기에 나라의 메카에서 예언자 무함마드가 이슬람교를 창시했어요. 지금도 순례를 위해 전 세계의 이슬람교도가 메카로 모여들어요. 이슬람교의 최대 성지인 메카와 마디나가 모두 사우디아라비아에 있기 때문이에요.

메카의 카바는 이슬람교의 신전이에요.

매사냥은 문화유산이에요.

조지아

Georgia

수도 트빌리시 **면적** 6만 9,700㎢
인구 약 400만 명 **주요 언어** 조지아어, 러시아어
종횡비 2 : 3

성 게오르기우스의
피를 나타내는 빨간 큰 십자가

예루살렘 십자가를 나타내는
4개의 작은 십자가

흑해 동안에 위치한 캅카스(코카서스) 지방의 나라예요. 포도주 생산 유적이 발견될 만큼 포도 농사의 역사가 깊어요. 와인이 유명해 수출도 많이 해요.

성 게오르기우스의 용 퇴치
전설이 전해 내려와요.

초하는
목이 긴 모직 코트 형태의
전통 의상이에요.

시리아 아랍 공화국

Syrian Arab Republic

수도 다마스쿠스 **면적** 18만 5,180㎢
인구 약 2,293만 명 **주요 언어** 아랍어, 프랑스어
종횡비 2 : 3

나라를 지키는 검과 용기를   평화와 순결을
나타내는 빨강   나타내는 하양

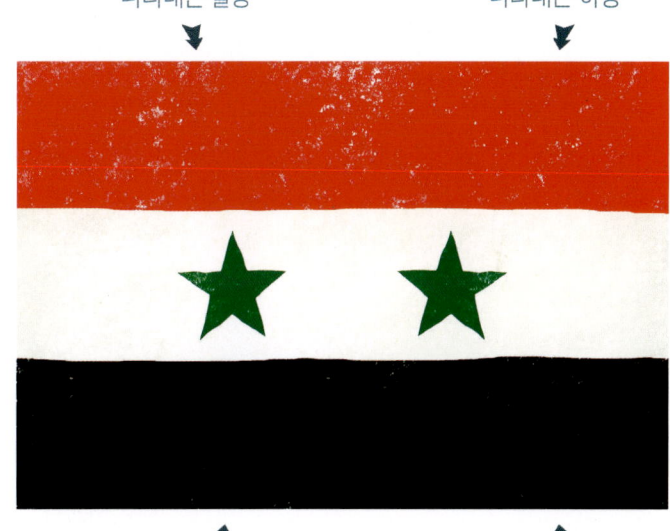

아랍 연합 공화국을 이루고 있던   암흑의 식민지 시대를
시리아와 이집트를 의미하는 2개의 초록 별   나타내는 검정

북부의 중심 도시 알레포는 시리아에서 두 번째로 큰 도시예요. 올리브 오일 비누가 유명해요. 2011년부터 내전이 이어지고 있으며 반정부 세력은 국기와는 다른 기를 내걸고 있어요.

전통 의상

흙으로 만들어진
벌집 모양의 전통 집

싱가포르 공화국

Republic of Singapore

수도 싱가포르 **면적** 719㎢

인구 약 564만 명 **주요 언어** 영어, 중국어, 말레이어, 타밀어

종횡비 2 : 3

초승달은 새로운 국가를 의미해요. 5개의 별은 민주주의·평화·진보·정의·평등을 의미해요.

우애와 평등을 나타내는 빨강

순결과 덕성을 나타내는 하양

말레이반도 끝에 위치한 도시 국가예요. 싱가포르섬이라고 불리는 주요 섬과 약 60개의 작은 섬으로 이루어져 있어요. 다민족 국가로 중국인 외에 말레이계와 인도계 등의 국민이 있으며, 인구 밀도가 상당히 높아요. 1965년, 말레이시아에서 분리되어 독립국이 되었어요. 지리적 이점으로 무역과 금융, 관광 산업이 활발해 경제적 발전을 이루었어요.

대표 음식 치킨 라이스

마리나 베이 샌즈는 종합 리조트 호텔로 옥상 수영장이 유명해요.

머라이언은 사자 머리에 물고기 몸을 가진 상상 속의 동물로 싱가포르의 상징이에요.

스리랑카 민주 사회주의 공화국

Democratic Socialist Republic of Sri Lanka

수도 콜롬보(실질적 수도), 스리 자야와르데네푸라 코테(행정 수도) **면적** 6만 5,610㎢
인구 약 2,191만 명 **주요 언어** 싱할라어, 타밀어, 영어
종횡비 1 : 2

이슬람교도를 상징하는 초록

힌두교도를 상징하는 사프란색

싱할리족을 의미하는 사자

불교도를 상징하는 보리수 잎

1972년까지는 나라 이름이 '실론'이었어요. 세계 최대의 차 수출국으로 홍차 제조가 발달되고 생산량이 높아요. 실론티는 스리랑카에서 만들어지는 차 브랜드로 여러 종류가 있으며 전 세계에서 즐기고 있어요. 사파이어와 루비 등의 보석 산출국으로도 유명해요. 국민의 대부분이 싱할라족으로 불교도지만, 힌두교와 이슬람교, 기독교 신자도 있어요.

페라헤라 축제에서는 장식된 코끼리를 선두로 거리에서 퍼레이드를 해요.

전통 의상 사롱은 긴 천을 허리에 둘러 입는 옷이에요.

실론티

태국 (타이 왕국)

Kingdom of Thailand

수도 방콕 **면적** 51만 3,000㎢
인구 약 7,008만 명 **주요 언어** 타이어, 중국어, 말레이어
종횡비 2 : 3

- 국민의 피를 나타내는 빨강
- 짜끄리 왕조를 나타내는 파랑
- 불교를 상징하는 하양

1916년까지는 하얀색 코끼리가 그려진 국기였지만 당시의 국왕 라마 6세가 거꾸로 걸린 국기를 보고 상하좌우의 구별이 없는 디자인의 국기로 변경했어요.

국민의 대부분이 불교도로 아름다운 사원이 많이 있어요.
지리적 영향과 기후가 좋아 벼농사와 파인애플 재배가 활발해요.
무아이타이(무에타이)는 손과 발 등을 이용한 전통 격투기예요. 작은 배로 장사하는 수상 마켓이 열리고 타이 실크 견직물이 유명해요. 새우와 채소, 향신료를 넣고 끓인 전통 음식 똠얌꿍은 새콤하고 매운 맛이 나요.

무아이타이(무에타이)

방콕에 있는 불교 사원 왓 프라깨우

똠얌꿍

대만(중화민국)

Taiwan

수도 타이베이 **면적** 3만 6,000㎢
인구 약 2,357만 명 **주요 언어** 중국어, 민난어, 객가어
종횡비 2:3

민주주의, 평등, 정의를 나타내는 하양

12개의 태양 빛줄기는 꾸준한 진보 정신을 의미해요.

순수와 자유를 나타내는 파랑

희생과 우애를 나타내는 빨강

올림픽과 패럴림픽에서는 각각 디자인이 다른 기를 사용해요.

중국 대륙의 남동에 있는 타이완섬에 자리하고 있어요. 정식 명칭인 중화민국은 원래 1912~1949년에 중국에서 사용하던 국명이에요. 1949년, 중국 공산당과의 내전에 패배한 후 타이완으로 온 국민당 정부가 계속해서 이 국명을 사용해 왔어요. 하지만 중국을 비롯한 세계의 많은 나라가 국가로 인정하지 않아요. 때문에 국제기구나 국제 대회에서는 '차이니스 타이베이'로 참가해요.

야경이 아름다운 지우펀

※사실상의 수도.

야시장에서는 취두부나 빙수 등 각종 거리 음식을 즐길 수 있어요.

알면 더 재미있는 국기 이야기

홍콩과 마카오의 기

중국에서는 일정한 자치가 인정되는 특별 행정구가 있어요. 바로 홍콩과 마카오예요. 1840년 청나라(중국)와 영국 사이에 일어난 '아편 전쟁' 후에 체결한 조약으로 1841년부터 영국의 식민지가 되었어요. 그 후, 1997년 영국은 중국과의 우호와 여러 국익을 생각하여 홍콩을 중국에 반환했어요. 홍콩은 중국의 특별 행정구가 되어 새로운 기가 제정되었어요.

과거의 홍콩 국기에는 왼쪽 위에 영국의 '유니언 잭'이 있고, 용과 배 등이 그려진 홍콩의 문장이 있었어요. 현재 홍콩의 기는 붉은 바탕에 하얀 꽃을 그린 디자인이에요. 꽃은 콩과의 식물 바우히니아로, 겨울이 되면 진달래 모양의 꽃이 피어요.

마카오에는 세계 최대 카지노가 있어요. 관광과 쇼핑으로도 유명해요. 이전에는 포르투갈의 식민지였다가 중국으로 반환되었어요. 마카오에는 유럽 여러 나라의 식민지였을 때의 유적과 역사적 건축물이 많이 남아 있어요. 아마 사원, 릴라우 광장, 성 바울 성당 등 마카오 중심에 모여 있는 20개 이상의 건축물과 광장이 유네스코 세계 문화유산에 등재되어 있어요.

마카오의 기는 초록 바탕에 하얀 연꽃이 그려져 있고, 위에는 5개의 별이 있어요. 초록색은 번영을 나타내고, 연꽃은 마카오를 상징해요. 중국의 '오성홍기'처럼 중국 공산당을 나타내는 별 하나가 다른 것보다 크게 그려져 있어요.

1959~1977년 홍콩 기

1997년부터 홍콩 기

마카오 기

타지키스탄 공화국

Republic of Tajikistan

수도 두샨베 **면적** 14만 3,100㎢
인구 약 954만 명 **주요 언어** 타직어, 러시아어
종횡비 1 : 2

통합, 우애, 노동자를 나타내는 빨강 ▶

순수, 면화 작물, 지식인의 단결을 나타내는 하양 ▶

이슬람교, 농업, 농민을 나타내는 초록 ▶

◀ 금색 왕관과 7개의 별은 민족, 주권(독립), 우정, 행복을 의미해요.

1991년에 구 소비에트 연방이 해체되면서 독립했어요. 중국 서쪽에 있는 나라로 국토의 대부분이 산악 지대예요. 동부에는 평균 약 5,000m의 파미르 산맥이 있어요. 파미르란 '세계의 지붕'이라는 의미예요. 국민의 대부분이 이슬람교를 믿어요. 알루미늄을 생산해 수출하고, 목화와 밀 등을 재배해요.

전통 의상 차칸

타지키스탄 국립공원의 파미르 산맥에는 양과 야크 등이 방목되고 있어요.

쉽게 보기 어려운 눈표범이 살고 있어요.

중국 (중화 인민 공화국)

People's Republic of China

수도 베이징　**면적** 960만㎢
인구 약 14억 1,175만 명　**주요 언어** 중국어
종횡비 2 : 3

커다란 별은 중국 공산당을 의미해요. 작은 별은 노동자·농민·소자산·민족자산 4개의 계급을 나타내요. 4개의 작은 별이 모두 커다란 별을 향하고 있는 것은 모든 국민이 중국 공산당 하에 단결하는 것을 의미해요.

광명을 나타내는 노랑

공산주의와 혁명을 나타내는 빨강

한민족을 비롯하여 56개의 민족으로 이루어진 나라로, 세계에서 가장 인구가 많았지만 2023년부터는 인도에 밀려 2위가 되었어요. 옛 궁전인 자금성과 세계 최대 건축물 만리장성이 유명해요. 세계유산 만리장성은 옛날 북에서 공격해 오는 적의 침략을 막기 위해 쌓은 성벽이에요. 쓰촨성(사천성)에는 자이언트판다가 살고 있어요.

자이언트판다

만리장성.
부서져서 터만 남은 부분까지 포함하면
총 길이가 6,000km 이상이나 돼요.

전통 의상
치파오

투르크메니스탄

Turkmenistan

수도 아시가바트 **면적** 48만 8,100㎢
인구 약 610만 명 **주요 언어** 투르크멘어, 러시아어
종횡비 2 : 3

민족 색이 풍부한 디자인의 국기예요. 카펫 무늬는 전통과 문화를 나타내고 5개의 주요한 민족을 의미해요. 끝부분에는 평화를 상징하는 올리브 가지가 그려져 있어요.

초록 바탕에 초승달과 별은 이슬람교 국가를 상징해요.

1995년 국제 연합이 영세중립국으로 승인했어요.

카스피해와 접해 있으며, 국토의 90퍼센트를 카라쿰 사막이 차지하고 있어요. 대부분의 국민은 튀르키예계 민족이고 대다수가 이슬람교를 믿어요. 천연가스와 석유는 세계 유수의 매장량을 자랑해요. 목화 재배와 양의 목축이 발달했으며, 카펫 제작과 공예도 하고 있어요.

아할테케는 아름다운 말로 속도와 지구력이 뛰어나요.

카라쿰 사막에 있는 다르바자 가스 분화구는 '지옥의 문'이라고 불러요.

전통 악기 두타르

튀르키예 공화국

Republic of Turkiye

수도 앙카라 **면적** 77만 9,452㎢
인구 약 8,468만 명 **주요 언어** 튀르키예어
종횡비 2 : 3

국기의 기원에는 여러 가지 설이 있어요. 적인 마케도니아 군대가 성벽 밑을 파서 침략하려고 했을 때, 초승달 빛에 발각되어 나라를 구했다는 설과 오스만 제국의 황제가 초승달이 크게 퍼져서 하늘을 덮는 꿈을 꾸었기 때문이라는 설 등이 있어요.

이슬람교를 상징하는 초승달과 별

유럽과 아시아에 걸친 나라로, 가장 유명한 고고 유적지 트로이를 비롯해 오래된 유물이 많아요. 튀르키예 아이스크림 돈두르마와 고기 꼬치 시시 케밥 등이 유명해요. 이스탄불은 튀르키예 최대의 도시로 문화와 경제의 중심지예요.

돈두르마는 끈기가 있어서 길게 늘어나는 튀르키예 아이스크림이에요.

기암과 지하 도시 등으로 유명한 갑바도기아

그리스 로마 신화에 등장하는 트로이 목마

일본

Japan

수도 도쿄 **면적** 37만 8,000㎢
인구 약 1억 2,568만 명 **주요 언어** 일본어
종횡비 2 : 3

해를 상징하는 붉은 원으로 '히노마루'라고 불러요. 국기의 세로 길이 5분의 3 크기로 쓰여요.

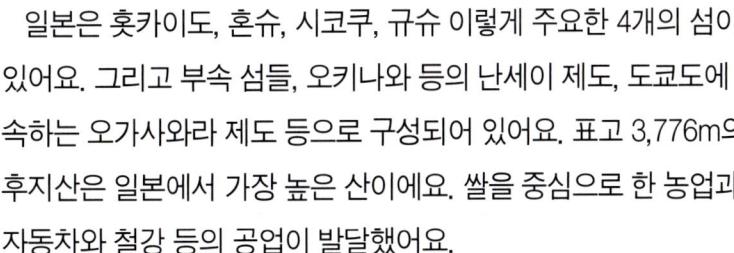

일본은 홋카이도, 혼슈, 시코쿠, 규슈 이렇게 주요한 4개의 섬이 있어요. 그리고 부속 섬들, 오키나와 등의 난세이 제도, 도쿄도에 속하는 오가사와라 제도 등으로 구성되어 있어요. 표고 3,776m의 후지산은 일본에서 가장 높은 산이에요. 쌀을 중심으로 한 농업과 자동차와 철강 등의 공업이 발달했어요.

도쿄 스카이트리

후지산

전통 무예
스모

전통 의상
기모노

네팔 연방 민주 공화국

The Federal Democratic Republic of Nepal

수도 카트만두 **면적** 14만 7,181㎢
인구 약 2,916만 명 **주요 언어** 네팔어
종횡비 4:3

국민의 용감함을 나타내는 빨강은 네팔을 상징하는 색으로 국화 '랄리구라스'도 같은 색이에요

평화를 나타내는 파랑

하얀색으로 그려진 달과 태양은 나라가 오래도록 발전했으면 하는 바람이 담겨 있어요.

2개의 삼각형을 쌓아 올린 국기의 형태는 히말라야산맥을 연상시킴과 동시에 나라의 종교인 힌두교와 불교를 의미한다고 해요. 사각형이 아닌 국기는 세계에서 이 국기뿐이에요.

1962년까지 사용되었던 국기에는 달과 태양에 얼굴이 그려져 있었어요.

히말라야산맥의 에베레스트는 해발 8,848m로 세계에서 가장 높은 산이에요. 각국에서 에베레스트를 등반하기 위해 등산객이 찾아와요. 네팔에서 가장 오래된 불교 사원 스와얌부나트는 카트만두 계곡에 있는 문화재로 세계유산이에요. 원숭이가 많아서 '몽키템플'이라고 불리기도 해요.

사가르마타 국립공원의 에베레스트산

불교 사원 스와얌부나트

전통 의상 쿠르타 수루왈

바레인 왕국

Kingdom of Bahrain

수도 마나마 **면적** 778.4㎢
인구 약 158만 명 **주요 언어** 아랍어, 영어
종횡비 3 : 5

5개의 흰 톱니는 이슬람교 신자가 해야 할 5대 의무로 신앙고백·기도·기부·금식·성지 순례를 나타내요.

1972~2002년에 사용했던 국기예요. 8개의 흰 톱니는 나라의 8개의 민족을 나타내요.

페르시아만에 떠 있는 크고 작은 30개 이상의 섬으로 이루어진 나라예요. 주요 자원으로는 석유와 천연가스가 있어요. 옛날부터 통상을 위한 중요 거점으로 번성해 왔어요. 수도 마나마에는 '바레인 세계 무역 센터'가 있어요. 국민의 대다수가 아랍인으로 이슬람교를 믿어요. 고대 항구와 딜문의 수도였던 칼라트 알바레인은 인공 언덕으로 풍부한 딜문 문명의 유적과 건축 양식이 남아 있어요.

바레인 인터내셔널 서킷은 중동에서 처음으로 F1이 개최된 서킷이에요.

사막 한가운데 서 있는 생명나무

전통 공예 도자기가 유명해요.

파키스탄 이슬람 공화국

Islamic Republic of Pakistan

수도 이슬라마바드 **면적** 79만 6,000㎢
인구 약 2억 3,000만 명 **주요 언어** 우르두어, 영어
종횡비 2 : 3

평화를 나타내는 하양 ▶

◀ 빛과 지식을 의미하는 별

◀ 번영을 나타내는 초록

◀ 발전을 의미하는 초승달

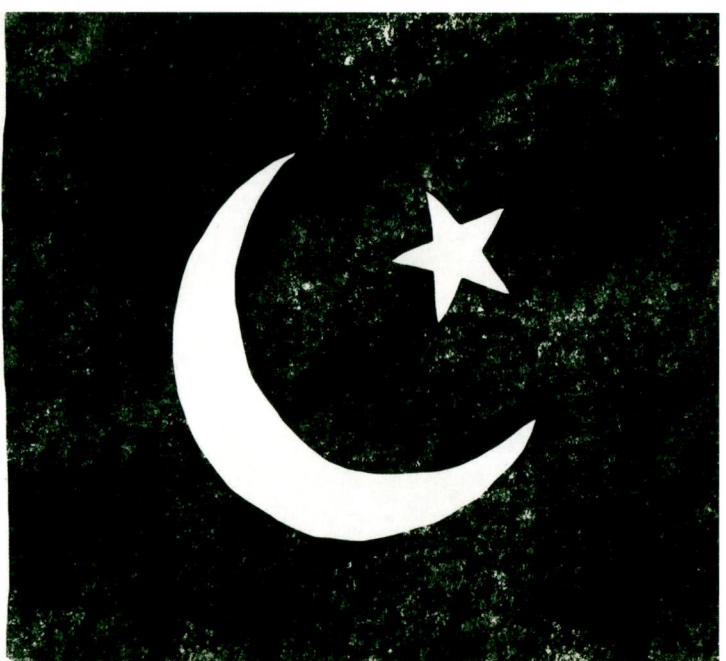

파키스탄은 세계 4대 문명의 하나인 고대 인더스 문명의 발상지예요. 1947년 영국에서 이슬람교도가 파키스탄(동파키스탄을 포함)으로 독립했어요. 1971년에는 동파키스탄이 방글라데시 인민 공화국으로 분리되어 독립했어요.

전통 악기
라바브

인더스 문명의 상징
모헨조다로 고고 유적

전통 의상
살와르 카미즈

팔레스타인

Palestinian National Authority

수도 라말라 **면적** 6,020㎢
인구 약 510만 명 **주요 언어** 아랍어, 영어
종횡비 2 : 3

요르단 국기와 비슷해요.

오스만 제국 시기 아랍 반란 때 사용한 깃발에서 유래해요.

하와리즈파를 나타내는 빨강

예언자 무함마드를 나타내는 검정

우마이야 왕조를 나타내는 하양

파티마 왕조를 나타내는 초록

예루살렘과 주변 지역으로 이루어진 나라예요. 팔레스타인은 옛날부터 각 종교 세력에 의한 분쟁이 계속된 장소예요. 1948년에 이스라엘이 건국되고, 1988년부터 주변에서 팔레스타인이 국가 건설을 진행해 왔어요. 2012년 국제 연합 총회에서 투표권은 없지만 '옵서버 국가'의 지위를 받게 되었어요.

전통 의상

바티르의 문화 경관. 올리브와 포도나무의 땅으로 계단식 밭을 이루고 있어요.

베들레헴은 예수의 탄생지로 알려져 있어요.

※팔레스타인은 동예루살렘을 수도라고 주장해요.

방글라데시 인민 공화국

People's Republic of Bangladesh

수도 다카　**면적** 14만 8,000㎢
인구 약 1억 6,630만 명　**주요 언어** 벵골어
종횡비 3 : 5

◀ 자유의 태양과 독립에서 흘린 피를 나타내는 붉은 원은 중심에서 깃대 쪽으로 치우쳐 있어요.

◀ 활력 넘치는 의지와 풍요로운 국토를 나타내는 초록

인도양 연안에 위치하며 국민 대부분이 이슬람교를 믿어요. 수도 다카는 가장 큰 도시로 경제와 문화의 중심지예요. 삼모작이 가능해 벼농사, 사탕수수, 바나나 등 농산물이 풍부해요. 섬유 공업과 제조업이 활발하게 이루어져요. 세계유산 순다르반스 국립공원에는 세계에서 가장 규모가 큰 맹그로브 숲이 펼쳐져 있고, 호랑이, 조류, 파충류 등 다양한 동물들이 서식해요.

인구 밀도가 높은 방글라데시의 철도는 언제나 혼잡해요.

맹그로브 숲에는 벵골호랑이가 살고 있어요.

동티모르 민주 공화국

Democratic Republic of Timor-Leste

수도 딜리 **면적** 1만 4,954㎢
인구 약 137만 명 **주요 언어** 포르투갈어, 테툼어
종횡비 1 : 2

- 나아갈 길을 제시하는 빛을 의미하는 별
- 평화를 나타내는 하양
- 뛰어넘어야 할 낡은 생각을 나타내는 검정
- 해방을 위한 국민의 희생을 나타내는 빨강
- 과거 식민지 시대의 상처를 나타내는 노랑

티모르섬의 동쪽 반과 오에쿠시 지방으로 이루어져 있어요. 2002년에 인도네시아에서 독립했어요. 농업이 발달해 평지에서는 옥수수와 고구마 등을 재배해요. 국토의 반 이상이 산악 지형으로 기후와 토양 조건이 커피 생산에 잘 맞아요. 덕분에 독특한 향과 맛으로 커피가 유명해요. 아름다운 자연 경관으로 여행객들이 많이 찾아와요. 물이 깨끗해서 스노클링, 서핑, 스쿠버다이빙을 즐길 수 있어요.

거대한 예수상 크리스토 레이

전통 직물 타이스는 문화유산이에요. 전통 의상을 만들거나 축제나 의식에서 사용해요.

알면 더 재미있는 국기 이야기

태양이 그려진 국기

세계의 국기 중에는 태양이 그려진 국기가 꽤 있어요. 태양이 '만물의 원천'이라는 의미를 지니고 있기 때문일 거예요. 나라마다 태양을 표현한 방법은 다양해요.

일본, 방글라데시, 말라위의 국기는 태양을 빨간색으로 표현했어요. 대만, 네팔, 마셜 제도의 국기는 태양을 하얀색으로 표현했어요. 니제르 국기의 태양은 오렌지색이에요.

하지만 국기에 가장 많이 그려져 있는 태양의 색은, 빨간색도 하얀색도 오렌지색도 아니에요. 바로 노란색이에요. 필리핀, 카자흐스탄, 키르기스스탄, 키리바시, 북마케도니아, 르완다, 나미비아, 앤티가 바부다 등의 국기의 태양은 노란색이에요.

같은 노란색 태양이라도 아르헨티나와 우루과이 국기에는 고대 문명에 기인한 얼굴이 그려져 있어요.

키리바시 국기에서는 파도 위로 태양이 반 정도 나와 있어요. 이것은 키리바시 동쪽 끝에 날짜 변경선이 있어서 '세계에서 가장 먼저 아침을 맞이하는 나라'라는 의미를 표현하고 있어요.

보름달이 그려져 있는 국기도 있어요. 라오스 국기의 하양 원은 라오스의 '메콩강' 상공에 뜬 보름달을 표현해요. 팔라우 국기의 노랑 원은 태평양 위에 뜬 보름달을 표현한 것이에요.

일본 - 붉은 태양
마셜 제도 - 흰 태양
우루과이 - 노랑 태양
라오스 - 보름달

필리핀 공화국

Republic of the Philippines

수도 마닐라 **면적** 30만㎢
인구 약 1억 1,157만 명 **주요 언어** 영어, 타갈로그어
종횡비 1 : 2

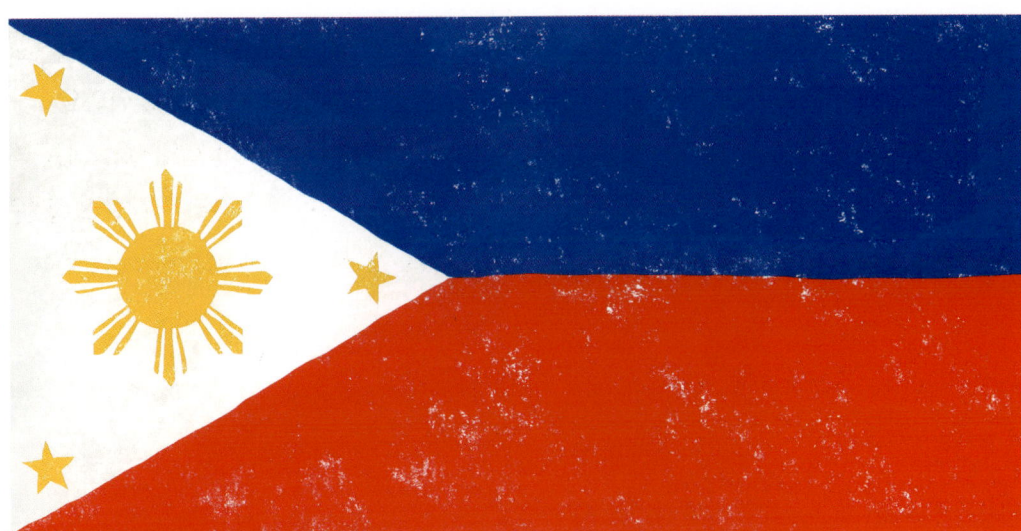

3개의 별은 국토의 주요한 지역인 루손섬, 비사야 제도, 민다나오섬을 나타내요.

노랑 태양은 자유를 의미하며 8개 햇살은 최초의 독립 혁명에 나선 8개 주를 나타내요.

순결과 평화를 나타내는 하양

정치 이상을 나타내는 파랑

용기를 나타내는 빨강. 전쟁 시에는 빨강이 위로 오도록 거꾸로 달아요.

7,000개 이상의 섬으로 이루어져 있어요. 화산과 지진이 많은 나라예요. 바나나와 파인애플 등의 열대 과일을 재배하고, 코코넛과 사탕수수 등을 수출해요. 16세기부터 스페인의 지배를 받았는데, 당시의 스페인 황태자 펠리페의 이름을 따서 국명이 정해졌다고 해요. 그 후 미국과 일본에 점령되었다가 1946년에 독립했어요.

마스카라 페스티벌은 화려한 옷을 입고 웃는 모양의 가면을 쓰고 춤을 추는 축제예요.

1,270여 개의 원뿔형 언덕이 펼쳐진 보홀섬의 초콜릿 힐

전통 음식 레촌은 통돼지 구이예요.

부탄 왕국

Kingdom of Bhutan

수도 팀푸 **면적** 3만 8,394㎢
인구 약 77만 명 **주요 언어** 종카어, 영어
종횡비 2 : 3

↓ 왕의 힘을 나타내는 노랑
↓ 용이 발톱에 붙잡고 있는 구슬은 부를 의미해요.

↑ 하얀색 용은 부탄의 상징으로 국명이 '용의 나라'라는 뜻이에요.
↑ 티베트 불교의 신앙을 상징하는 오렌지색

히말라야산맥의 동쪽에 위치하며, 농업과 임업을 기반으로 해요. 절 등의 공식적인 장소에서는 전통 의상을 입어야 해요. 표고 3,000m의 절벽에 있는 탁상 사원이 유명해요. 탁상은 '호랑이 보금자리'란 뜻이에요.

탁상 사원

전통 의상
남성은 고, 여성은 키라

브루나이 다루살람

Brunei Darussalam

수도 반다르스리브가완 **면적** 5,770㎢
인구 약 44만 명 **주요 언어** 말레이어, 영어
종횡비 1 : 2

↓ 술탄(군주)을 나타내는 노랑
↓ 말레이인의 행복을 나타내는 노랑

↑ 가운데 국장에는 초승달, 깃발, 날개, 손, 우산 등이 그려져 있어요.
↑ 대신(장관)을 나타내는 하양과 검정

보르네오섬 북서에 위치한 이슬람교의 나라로 석유와 천연가스가 많이 나요. 국명인 다루살람은 아랍어로 '영원히 평화로운 나라'를 의미해요.

세계 최대의 수상 마을 캄퐁 에이어

코주부원숭이

베트남 사회주의 공화국

Socialist Republic of Viet Nam

수도 하노이 **면적** 33만 341㎢
인구 약 9,920만 명 **주요 언어** 베트남어
종횡비 2 : 3

← 혁명의 피를 나타내는 빨강

← 여러 민족의 단결을 나타내는 노랑

중국의 국기를 본떠 만들었어요.

◀ 별의 5개 모서리는 노동자·농민· 지식인·청년·군인을 나타내요.

벼농사가 발달해 외국에 쌀을 많이 수출하고 있어요. 쌀국수인 퍼와 월남쌈이 대표 음식이에요. 1954년 프랑스에서 독립했지만, '제네바 협정'에 의해 나라가 남북으로 분단되었어요. 그 후 20년에 걸쳐 '베트남 전쟁'이 이어졌어요. 1976년에 남북이 통일되면서 지금의 나라가 되었어요.

호이안에서 열리는 알록달록한 등불(랜턴) 축제

후에 기념물 복합지구(후에 왕궁)

쌀국수 퍼

전통 의상 아오자이

말레이시아

Malaysia

수도 쿠알라룸푸르 **면적** 33만 252㎢
인구 약 3,299만 명 **주요 언어** 말레이어, 영어, 중국어
종횡비 1 : 2

달과 별은 이슬람교를 상징해요. 노랑은 예로부터 왕조의 권위를 나타내요.

이슬람교도가 많은 나라의 국기 중에서는 드물게 파랑색을 썼어요.

빨강과 하양 띠, 별의 모서리는 모두 14개로, 13개 주와 연방 정부의 조화와 단결을 의미해요.

열대 우림이 펼쳐진 고온 다습한 나라예요. 말레이어로 '숲속의 사람'이라고도 불리며 동남아시아에만 사는 오랑우탄과 세계에서 가장 큰 꽃 라플레시아 등 희귀한 동식물을 볼 수 있어요.

전통 음식 나시고렝은 볶음밥이에요.

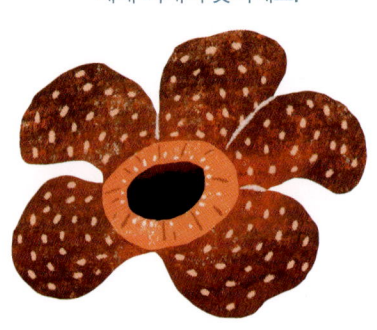

라플레시아는 지름이 1m 정도로 세계 최대의 꽃이에요.

초고층 빌딩 페트로나스 트윈 타워

미얀마 연방 공화국

The Republic of the Union of Myanmar

수도 네피도 **면적** 67만 7,000㎢
인구 약 5,388만 명 **주요 언어** 버마어(미얀마어)
종횡비 2 : 3

국민의 단결을 나타내는 노랑

평화와 풍부한 자연환경을 나타내는 초록

용기와 결단력을 나타내는 빨강

버마 시대 국기에는 공작이 그려져 있었어요.

흰 별은 미얀마가 지리적·민족적으로 하나가 되는 것을 의미해요.

세계 굴지의 벼농사 지대로 불교 신앙이 두터운 나라예요. 버마인이 인구의 3분의 2를 차지하고, 이 밖에도 여러 소수 민족이 있어요. 제2차 세계 대전 후 1948년 '버마'라는 이름으로 영국에서 독립했어요. 1989년에 국명이 변경되고, 2010년에는 국기가 변경되었어요.

불교 사원 쉐다곤 파고다

차욱타지 파고다 와불상

목에 금색 링을 건 카렌족

몰디브 공화국

The Republic of Maldives

수도 말레 **면적** 298㎢
인구 약 39만 2,000명 **주요 언어** 디베히어
종횡비 2 : 3

← 나라와 자유를 위해 흘린 피를 나타내는 빨강

← 평화와 번영을 나타내는 초록

이슬람교를 상징하는 초승달 →

인도와 스리랑카 남서쪽 바다 위에 약 1,200개의 섬으로 이루어져 있어요. 수면에 닿을락 말락 할 정도로 해발이 낮은 땅이 많아요. 아름다운 자연으로 많은 사람들이 휴양지로 선택해요. 바닷물도 맑고 산호초가 많아 다이빙과 스노클링 인기 장소예요. 전통 나무배 도니는 이동에 꼭 필요해요.

만타가오리

고래상어

몰디브 전통 방식으로 지어진 수상 코티지

전통 의상

몽골

Mongolia

수도 울란바토르　**면적** 156만 4,000㎢
인구 약 338만 명　**주요 언어** 몽골어(할하어), 카자흐어
종횡비 1 : 2

← 민족의 전통 문양으로 '소욤보' 전체가 자유와 주권을 의미해요.

환희와 승리를 나타내는 빨강 →

국민의 헌신과 충성을 나타내는 파랑 →

국토의 대부분을 초원이 차지하고 있으며 표고가 평균 1,500m 정도나 되는 고원 국가예요. 전통적인 목축 국가로 유목민이 말이나 염소 등을 기르면서 이동 생활을 했어요. 몽골의 전통 스포츠 나담은 몽골어로 '축제'라는 뜻이에요. 매년 수도 울란바토르에서 개최하는 가장 큰 행사예요.

유목민의 이동식 집 게르

나담에서는 씨름, 활쏘기, 말타기 등 전통 경기를 해요.

마두금은 전통 악기로 몸통 위쪽 끝에 말머리 장식이 있어요.

요르단 하심 왕국

The Hashemite Kingdom of Jordan

수도 암만 **면적** 8만 9,342㎢
인구 약 1,131만 명 **주요 언어** 아랍어, 영어
종횡비 1 : 2

- 빨강은 왕가인 하심가와 아랍 반란을 나타내요
- 칠각별은 이슬람 경전 《쿠란》의 첫 장에 쓰인 7개의 구절을 의미해요.
- 아바스 왕조를 나타내는 검정
- 우마이야 왕조를 나타내는 하양
- 파티마 왕조를 나타내는 초록

국토의 대부분이 사막이에요. 이스라엘과의 국경에 있는 사해 호수는 다른 바다보다 염분이 높아요. 때문에 수면에서 독서가 가능할 정도로 몸이 뜨는 것으로 유명해요. 무역의 중계지로 번성한 페트라 고대 유적지에는 암반을 조각해서 만든 신전과 무덤 등이 많이 남아 있어요.

고대 유적 도시 페트라

사해

전통 의상

라오 인민 민주주의 공화국

Lao people's Democratic Republic

수도 비엔티안　**면적** 23만 6,000㎢
인구 약 748만 명　**주요 언어** 라오어
종횡비 2 : 3

사회주의 혁명으로 흘린 피를 나타내는 빨강

국토와 메콩강을 나타내는 파랑

하얀색 동그라미는 메콩강 위에 떠오른 만월(보름달)과 나라의 빛나는 미래를 의미해요.

인도차이나반도의 내륙부에 있는 산이 많은 나라예요. 국민의 대부분이 메콩강 주변의 산간에 살고 있어요. 루앙프라방은 옛 수도이자 불교의 중심지로 세계유산에 등재되어 있어요.

레바논 공화국

Lebanese Republic

수도 베이루트　**면적** 1만 452㎢
인구 약 560만 명　**주요 언어** 아랍어, 영어, 프랑스어
종횡비 1 : 2

나라를 위한 헌신과 희생을 나타내는 빨강

나라의 상징인 레바논시다(백향목)

눈으로 덮인 산과 평화를 나타내는 하양

지중해에 닿아 있는 나라로 레바논은 '하얀색 산'이라는 뜻이에요. 장관인 콰디샤 계곡과 백향목 숲은 세계유산에 등재되어 있어요.

불탑 탓 루앙

탁발하는 승려

전통 치마 씬이에요.

로마 제국 신전 바알베크

포도 농사가 잘되어 와인이 유명해요.

알면 더 재미있는 국기 이야기

국기의 종횡비

국기의 세로와 가로 비율은 여러 가지예요. 세계에서 가장 많이 채용된 비율은 2 : 3(세로 길이 2에 대해서 가로 길이가 3)이랍니다.

스위스나 바티칸처럼 1 : 1의 정방형 국기도 있어요. 카타르 국기는 세계에서 가장 가로 길이가 긴 11 : 28 의 비율이에요.

그다음으로 영국, 캐나다, 뉴질랜드 등의 1 : 2 비율의 국기를 많이 사용해요.

각국의 국기가 게양될 경우, 크기가 일정하지 않아 문제가 생기거나 불편할 경우를 대비해 세로 가로 비율을 같게 할 때가 있어요. 그래서 올림픽이나 미국 뉴욕의 국제 연합(UN) 본부 앞에 게양되는 국기는 세로 가로 비율이 2 : 3으로 맞춰져 있답니다.

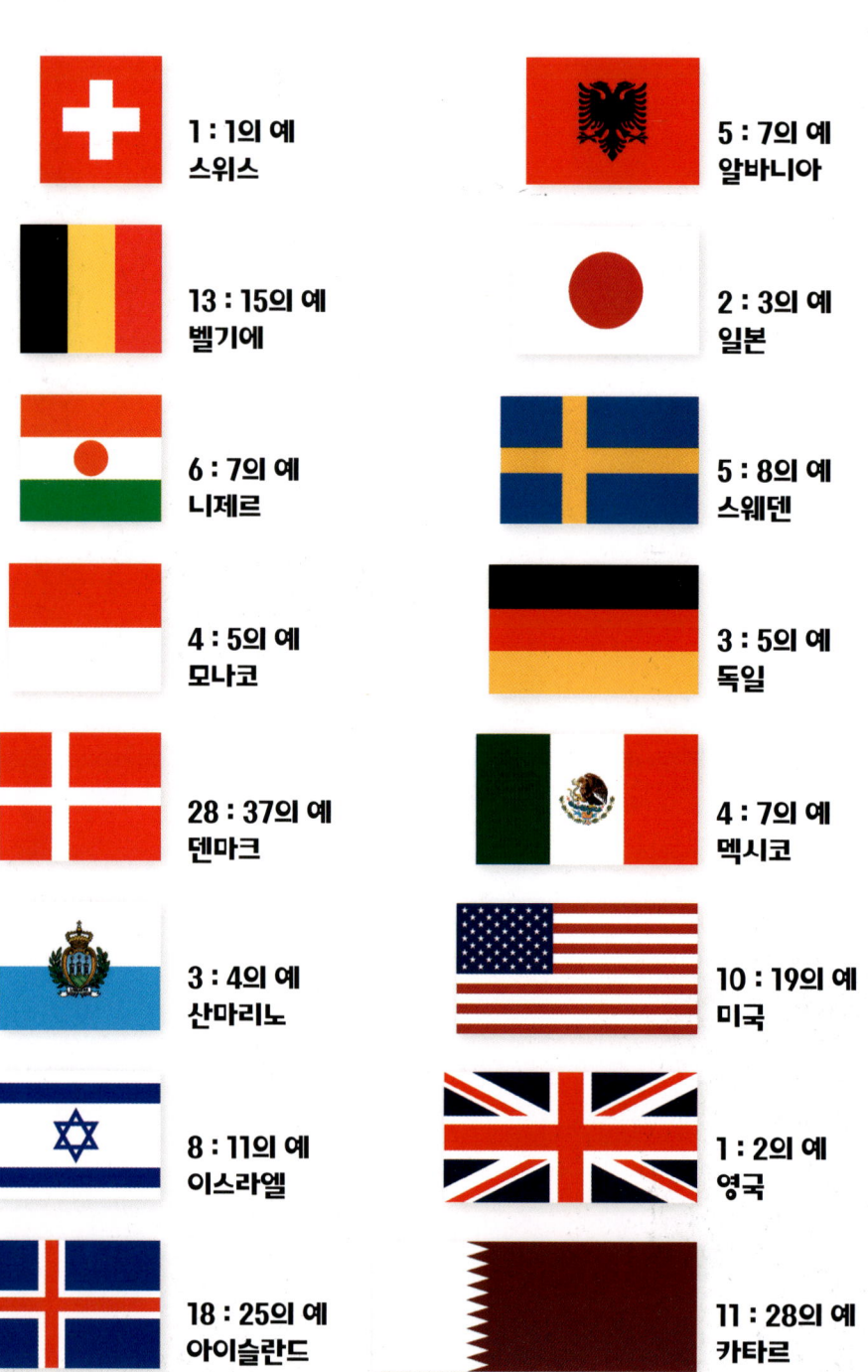

유럽

아이슬란드 공화국

Republic of Iceland

수도 레이캬비크 **면적** 10만 3,000㎢
인구 약 36만 8,000명 **주요 언어** 아이슬란드어
종횡비 18 : 25

스칸디나비아반도 나라에
공통되는 십자가예요.

눈과 만년설을
나타내는 하양

아이슬란드 국민의 색으로
하늘과 바다를 나타내는 파랑

북극권 근처에 있는 섬나라예요. 화산 활동으로 온천이 많아요. 덕분에 온천욕을 즐기는 문화가 있어요. 여름에는 해가 하루 종일 지지 않는 '백야 현상'을 볼 수 있는 기간이 있어요. 코뿔바다오리(퍼핀)를 볼 수 있어요.

세계 최대 야외 온천
블루 라군

코뿔바다오리(퍼핀)

아일랜드 공화국

Republic of Ireland

수도 더블린 **면적** 7만 282㎢
인구 약 512만 명 **주요 언어** 아일랜드어, 영어
종횡비 1 : 2

가톨릭 교도인 켈트족을
나타내는 초록

프로테스탄트 교도인 오렌지공 윌리엄
3세 지지자를 나타내는 오렌지색

종교의 화합과 평화를
나타내는 하양

1801년에 영국에 병합된 뒤, 1922년에 남부 26주가 분리되어 1949년에 독립했어요. 상체는 고정하고 다리와 발을 빠르게 움직이는 아이리시 전통 춤이 있어요. 바위산으로 이루어진 외딴섬 스켈리그 마이클이 유명해요.

세계유산
스켈리그 마이클

아이리시 댄스

알바니아 공화국

Republic of Albania

수도 티라나 **면적** 2만 8,748㎢
인구 약 287만 명 **주요 언어** 알바니아어
종횡비 5 : 7

아시아와 유럽 양쪽을 경계하는 것을 나타내는 쌍두수리 ↓

발칸반도에 위치하며 그리스와 접하고 있는 나라예요. 400년 이상 튀르키예에 지배당한 후, 1912년에 독립했어요. 중세 역사 유적지 베라트는 '1,000개의 창을 가진 마을'로 불리며 옛 생활 양식을 간직하고 있어요.

세계유산 베라트

전통 춤

안도라 공국

Principality of Andorra

수도 안도라라베야 **면적** 468㎢
인구 약 8만 5,645명 **주요 언어** 카탈루냐어
종횡비 7 : 10

프랑스 국기에서 따온 파랑 ↓   프랑스와 스페인 국기에 공통되는 빨강 ↓

↑ 스페인 국기에서 따온 노랑   ↑ 문장은 두 나라와의 복잡한 관계를 나타내요.

프랑스와 스페인 사이의 피레네산맥에 위치한 작은 나라예요. 관광업이 꾸준하게 발전하고 있어요. 등산과 스키를 즐기기 위해 많은 사람들이 방문해요.

피레네산맥

전통 의상

영국 (그레이트브리튼과 북아일랜드 연합 왕국)

The United Kingdom of Great Britain and Northern Ireland

수도 런던 **면적** 24만 3,610㎢
인구 약 6,732만 명 **주요 언어** 영어
종횡비 1 : 2

◀ '유니언 잭 (유니언 플래그)'이라는 이름으로도 불려요.

◀ 사선으로 된 붉은 십자 띠는 시계 반대 방향으로 치우쳐 있으며 상하좌우 모두 비대칭이에요.

그레이트브리튼섬과 아일랜드섬 북동부 등으로 이루어진 나라예요. 올림픽에는 '그레이트브리튼'이라는 이름으로 등록되어 있어요. 수도 런던에는 빨간색의 2층 버스가 다녀요. 런던에 있는 국회의사당 웨스트민스터 궁전에는 유명한 시계탑 빅 벤이 있어요. 영국은 축구의 발상지이기도 해요.

세계유산 웨스트민스터 궁전과 시계탑 빅 벤

런던의 2층 버스

축구

근위병

알면 더 재미있는 국기 이야기

'유니언 잭'의 기원과 변화 과정

영국 국기는 '유니언 잭'이라고 불려요. '유니언'은 합체 또는 합병, 연합 등의 뜻이 있어요. '잭'은 뱃머리에 게양하는 깃발을 의미해요.

1707년 잉글랜드 왕국과 스코틀랜드 왕국이 연합하여 그레이트브리튼 왕국이 탄생했어요. 잉글랜드를 상징하는 '성 게오르기우스 십자(흰 바탕에 붉은 십자)'와 스코틀랜드를 상징하는 '성 안드레아 십자(파랑 바탕에 흰 X자 모양의 십자)'를 조합한 기가 만들어졌어요. 이 국기를 '유니언 잭'이라고 해요.

1801년, 그레이트브리튼 왕국과 아일랜드 왕국이 병합하여 영국(그레이트브리튼과 북아일랜드 연합 왕국)이 탄생했어요. 국기 디자인은 유니언 잭에 아일랜드를 상징하는 '성 파트리치오 십자(흰 바탕에 붉은 X자 모양의 십자)'가 조합되어, 현재의 '유니언 잭'이 완성되었어요.

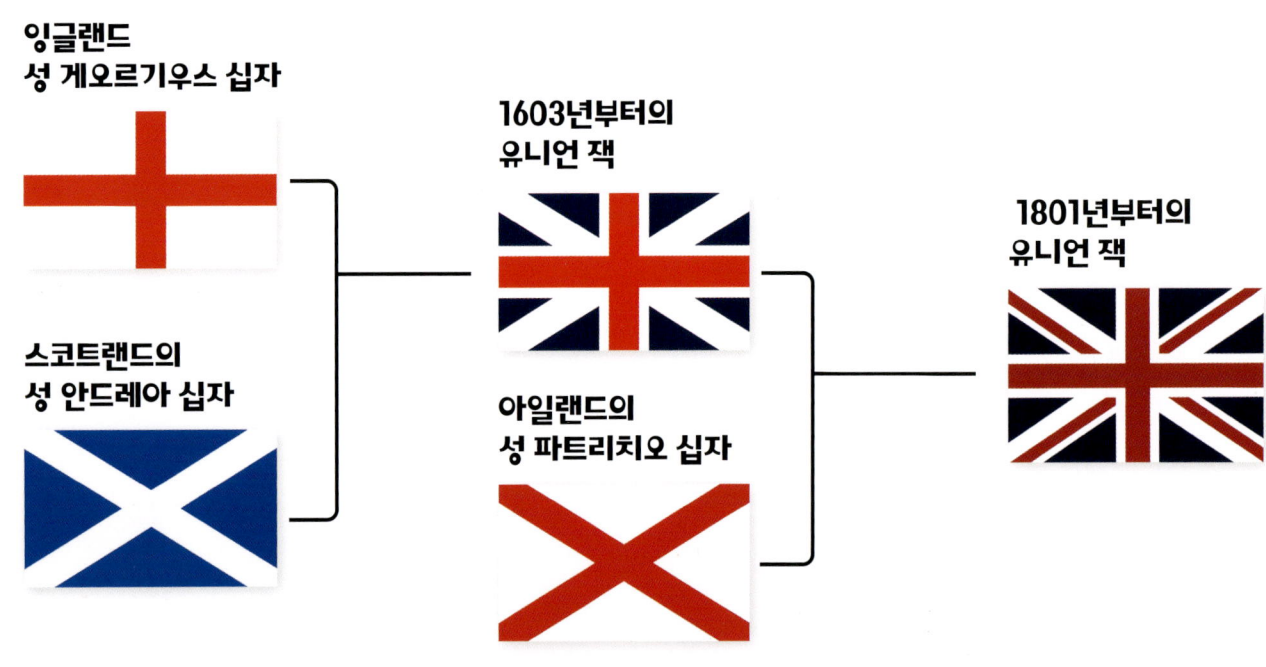

이탈리아 공화국

The Italian Republic

수도 로마　**면적** 30만 2,072㎢
인구 약 6,239만 명　**주요 언어** 이탈리아어
종횡비 2 : 3

자유를
나타내는 초록 ▶

평등을
나타내는 하양 ▶

우애를
나타내는 빨강 ▶

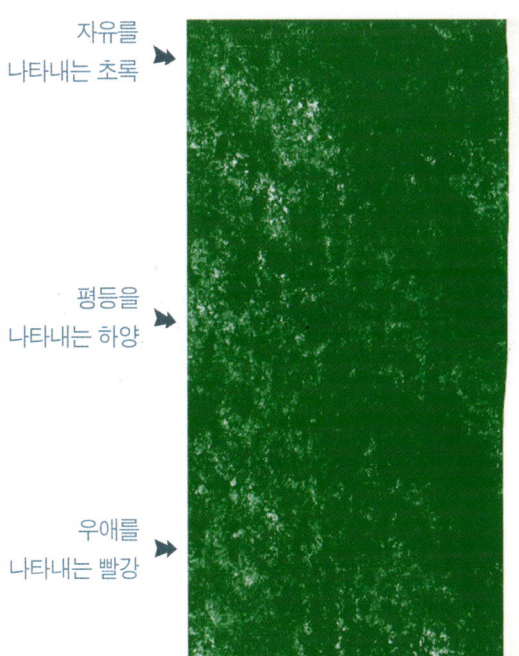

◀ 이탈리아와 프랑스 국기가 비슷한 것은 1796년, 작은 나라로 분열되어 있던 이탈리아를 통합하기 위해 프랑스 장군 나폴레옹이 자국의 국기를 일부 변형하여 만들었기 때문이라고 해요.

지중해에 돌출된 장화 모양의 이탈리아반도와 시칠리아섬, 로마의 랜드마크 사르데냐섬 등으로 이루어진 나라예요. 오페라가 발달했고 유명해요. 로마를 상징하는 콜로세움, 베네치아의 곤돌라, 피사의 사탑은 세계유산으로 많은 관광객이 찾는 이탈리아 명소예요. 파스타와 피자는 이탈리아의 대표적인 음식이에요.

콜로세움은 검투사와 맹수의 경기가
열렸던 원형 경기장이에요.

물의 도시 베네치아의
곤돌라

피자와
파스타

우크라이나

Ukraine

수도 키이우 **면적** 60만 3,500㎢
인구 약 4,160만 명 **주요 언어** 우크라이나어, 러시아어
종횡비 2 : 3

땅을 덮는 하늘을
나타내는 파랑

땅에서 자라는 보리를
나타내는 노랑

흑해에 접해 있는 나라로 비옥한 흑토 지대가 펼쳐져 있어요. 국기가 밀밭의 평원과 푸른 하늘을 보여 주는 것처럼 농업의 역사가 깊어요. 보리와 옥수수, 감자 농사가 발달했어요. 수도 키이우에 있는 세계유산 성 소피아 대성당이 유명해요.

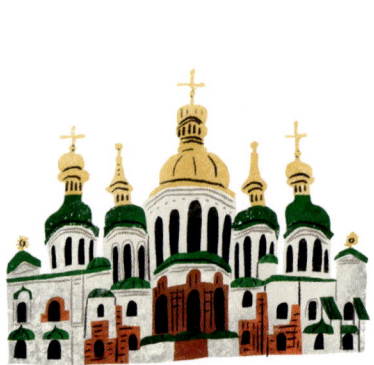

키이우의 성 소피아 대성당

민속 무용 코사크 댄스는 팔짱을 끼고 다리를 드는 동작이 특징이에요.

에스토니아 공화국

Republic of Estonia

수도 탈린 **면적** 4만 5,228㎢
인구 약 122만 명 **주요 언어** 에스토니아어, 러시아어
종횡비 7 : 11

희망과 단결, 하늘을
나타내는 파랑

대지와 암흑시대의 슬픈
역사를 나타내는 검정

눈과 밝은 미래, 나라의 발전을
나타내는 하양

발트해에 접해 있는 나라로 라트비아, 리투아니아와 함께 '발트 3국'이라고 불려요. 에스토니아에서 가장 큰 호수 페이푸스 외에도 많은 호수가 있어요. 수도 탈린은 13세기 무렵 건설된 오래된 도시예요.

5년마다 열리는
라울루피두 축제는
노래와 춤의 제전이에요.

세계유산
탈린 역사 지구(옛 시가지)

오스트리아 공화국

Republic of Austria

수도 빈 **면적** 8만 3,879㎢
인구 약 910만 명 **주요 언어** 독일어
종횡비 2 : 3

십자군 전쟁에 참가한 오스트리아 공국의 레오폴트 5세가 적의 피를 뒤집어써서 하얀 겉옷이 허리띠를 제외하고 빨갛게 물들었다는 전설에서 유래해요.

유럽의 중앙 부분에 위치하고, 국토의 반 이상을 알프스산맥이 차지하고 있는 나라예요. 수도 빈은 '음악의 도시'라고 불리며, 모차르트와 슈베르트 등 세계적인 작곡가가 탄생한 나라이기도 해요. '천사의 목소리'라고 불리는 빈 소년 합창단도 유명해요.

빈 소년 합창단

세계유산
쇤브룬 궁전과 정원

오케스트라

네덜란드 왕국

Kingdom of the Netherlands

수도 암스테르담 **면적** 4만 1,865㎢
인구 약 1,760명 **주요 언어** 네덜란드어
종횡비 2 : 3

초기 네덜란드 국기
(1581~1630년).

초기의 국기는 독립운동 지도자인 오라녜 공의 가문의 문장을 따서 오렌지색·하양·파랑의 삼색이었어요. 오렌지색은 멀리서 보기 어렵고 쉽게 퇴색되기 때문에, 빨강으로 바뀌었어요.

◀ 용기를 나타내는 빨강

◀ 신앙을 나타내는 하양

◀ 충성을 나타내는 파랑

북해와 닿아 있는 나라로 국토의 4분의 1이 해수면보다 낮아 간척지가 펼쳐져 있어요. 네덜란드라는 이름도 '낮은 땅'이라는 뜻에서 비롯되었어요. 17세기에 스페인으로부터 독립한 후, 무역 국가로 경제 성장을 이루며 세계로 확대해 갔어요. 튤립 등의 원예와 낙농, 축산이 발달했어요.

풍차

튤립

신터클라스 축제는 네덜란드의 또 하나의 크리스마스예요. 11월에 시작해 12월 6일 신터클라스의 날을 기념해요.

폴렌담의 전통 의상

알면 더 재미있는 국기 이야기

국기는 나라의 상징

네덜란드에서는 오랫동안 오렌지색·하양·파랑과 빨강·하양·파랑 두 가지의 가로 삼색기 국기가 같은 시대에 존재했어요. 초기 국기는 '프린센플라흐'로 왕자의 깃발이었어요. 오라녜 공 빌럼 1세가 에스파냐에 독립을 선언할 때 제정되었어요. 1937년 빌헬미나 여왕의 칙령(국가 원수인 왕이나 여왕이 내리는 명령)으로 현재의 빨강·하양·파랑의 가로 삼색기가 국기로 정해졌어요.

네덜란드 국기에 얽힌 일화는 국기가 나라의 중요한 상징이라는 사실을 깨닫게 해 줘요.

네덜란드 여왕 율리아나는 빌헬미나 여왕의 딸로 다음 여왕의 자리를 이어받을 여성이었어요. 이 두 사람은 제2차 세계 대전 중에 독일의 침략에서 벗어나기 위해 영국으로 망명했어요. 그 후 여왕의 사촌인 캐나다 총독 부인 앨리스를 의지하여 오타와로 향했어요.

그때 율리아나 여왕은 임신 중이었어요. 오타와에서 출산이 임박해 오자 주위 사람들이 크게 당황했어요. 네덜란드 왕실 규칙에는 '왕위 계승자는 네덜란드에서 탄생한 자에 한해요'라고 명시되어 있었기 때문에 다른 나라에서 태어난 아이는 왕위 계승자가 될 수 없었어요. 뿐만 아니라, 네덜란드에서는 이중 국적이 인정되지 않기 때문에 네덜란드 국적조차 취득할 수 없는 우려가 있었어요.

그래서 캐나다 의회는 태어날 아이를 위해 특별법을 제정했어요. 그것은 율리아나 여왕의 분만실을 네덜란드 대사관과 마찬가지로 치외법권 지역으로 하는 것이었어요. 분만실에는 네덜란드 국기가 걸렸어요. 그리고 거기서 율리아나 여왕은 마르가레트를 무사히 출산했어요. 국기가 나라의 상징으로서 얼마나 중요한 것인가를 가르쳐 주는 에피소드예요.

네덜란드 왕실은 캐나다에 대한 답례와 우호의 상징으로 매년 오타와에 튤립 구근을 보내고 있어요. 오타와는 매년 5월에 세계 제일의 튤립 축제가 열려 '튤립 시티'라고 불리게 되었어요.

율리아나
(1909~2004년,
재위 1948~1980년)

북마케도니아 공화국

Republic of North Macedonia

수도 스코페 **면적** 2만 5,713㎢
인구 약 211만 명 **주요 언어** 마케도니아어, 알바니아어
종횡비 1 : 2

8줄기의 햇살을 쏘는
노랑 태양

이전에는 고대 마케도니아의 상징 '베르기나의 별'을
사용했지만 그리스의 반발로 바뀌었어요.

발칸반도에 위치한 내륙 국가예요. 1991년에 구 유고슬라비아로부터 마케도니아 공화국으로 독립했어요. 그리스의 한 지방과 지명이 같다는 항의를 받았어요. 1995년에 국기의 디자인을 변경하고, 2019년에 나라 이름을 북마케도니아로 바꿨어요.

전통 의상

스코페는
마더 테레사가
태어난
곳이에요.

사이프러스 공화국

Republic of Cyprus

수도 니코시아 **면적** 9,251㎢
인구 약 127만 명 **주요 언어** 그리스어, 튀르키예어, 영어
종횡비 2 : 3

사이프러스섬의 모양으로
금색은 구리의 생산지임을 나타내요.

흰 바탕에 2개의 올리브 가지는
그리스와 튀르키예 간의 평화와 화해를 의미해요.

키프로스섬(사이프러스섬)의 대부분을 차지하는 나라예요. 그리스 신화의 사랑과 미의 여신 '비너스'가 탄생했다는 전설의 땅으로 아프로디테 바위가 유명해요. 염소와 양 젖으로 만드는 할루미 치즈가 전통 특산물이에요.

전통 의상

아프로디테 바위

그리스 공화국

The Hellenic Republic

수도 아테네 **면적** 13만 1,957㎢
인구 약 1,039만 명 **주요 언어** 그리스어
종횡비 2 : 3

- 하늘과 에게해를 나타내는 파랑
- 순결과 평화를 나타내는 하양
- 파랑과 하양 9개의 줄무늬는 독립 전쟁의 표어인 '자유냐 죽음이냐'를 의미하는 그리스어 9음절에서 유래해요.

그리스는 올림픽의 발상지로 예우하기 위해 올림픽 개·폐회식에서 항상 첫 번째로 입장해요.

발칸반도 남부와 에게해에 떠 있는 3,300여 개의 섬으로 이루어진 나라예요. 고대 그리스에서는 지금 유럽 문명의 원천이 된 문명이 만들어졌고, 고대 올림픽도 개최되었어요. 세계유산 파르테논 신전과 올림피아 등 많은 고대 유적이 남아 있어요.

무명용사의 묘를 지키는 위병

아테네의 아크로폴리스의 파르테논 신전

올림픽 성화 채화식은 올림피아의 고대 유적 헤라 신전에서 행해져요.

크로아티아 공화국

Republic of Croatia

수도 자그레브　**면적** 5만 6,594㎢
인구 약 388만 명　**주요 언어** 크로아티아어
종횡비 1 : 2

범슬라브 색인
빨강·하양·파랑

빨강·하양
체크무늬의
전통을 상징하는
국장이 그려져
있어요. 위에는
5개의 지역을
나타내요.

유고슬라비아 사회주의
연방 공화국의 국기.
크로아티아는
제2차 세계 대전 후에
구 유고슬라비아
공화국의
일원이었어요.

발칸반도의 북서부에 위치하며 아드리아해에 닿아 있어요. 1991년, 구 유고슬라비아로부터 독립했어요. 겨울이 따뜻하고 여름이 건조한 지중해성 기후로 올리브와 포도 재배가 잘 이루어져요. 넥타이의 발상지로도 알려져 있어요. 풍경이 아름다워 '아드리아해의 진주'라고 불려요. 중세의 도시 두브로브니크는 세계유산으로 인기 있는 관광지예요.

넥타이는 크로아티아 병사가
두르고 있던 스카프를
본떠 만들어졌다고 해요.

두브로브니크
옛 시가지

전통 의상

알면 더 재미있는 국기 이야기

슬라브의 세 가지 색

유럽 민족 중에 가장 인구가 많은 민족이 슬라브 민족이에요. 슬라브족은 슬라브어파 언어를 사용하며, 러시아와 동유럽 등에 살고 있어요.

러시아 국기는 하양·파랑·빨강의 가로 삼색기로 이 세 가지 색을 '범슬라브 색'이라고 해요. 체코와 슬로바키아 등 슬라브계 국가의 대부분이 범슬라브 색을 국기에 채용하고 있어요.

발칸반도에는 2006년까지 유고슬라비아라는 남슬라브계의 다민족 국가가 있었어요. 이 유고슬라비아가 1990년대 초부터 내전 상태가 되자, 슬로베니아, 크로아티아, 마케도니아(지금의 북마케도니아), 보스니아 헤르체고비나, 몬테네그로, 세르비아로 차례차례 분열·독립해 갔어요. 이 6개의 독립국 중에 슬로베니아, 크로아티아, 세르비아는 국기에 범슬라브 색을 채용하고 있어요.

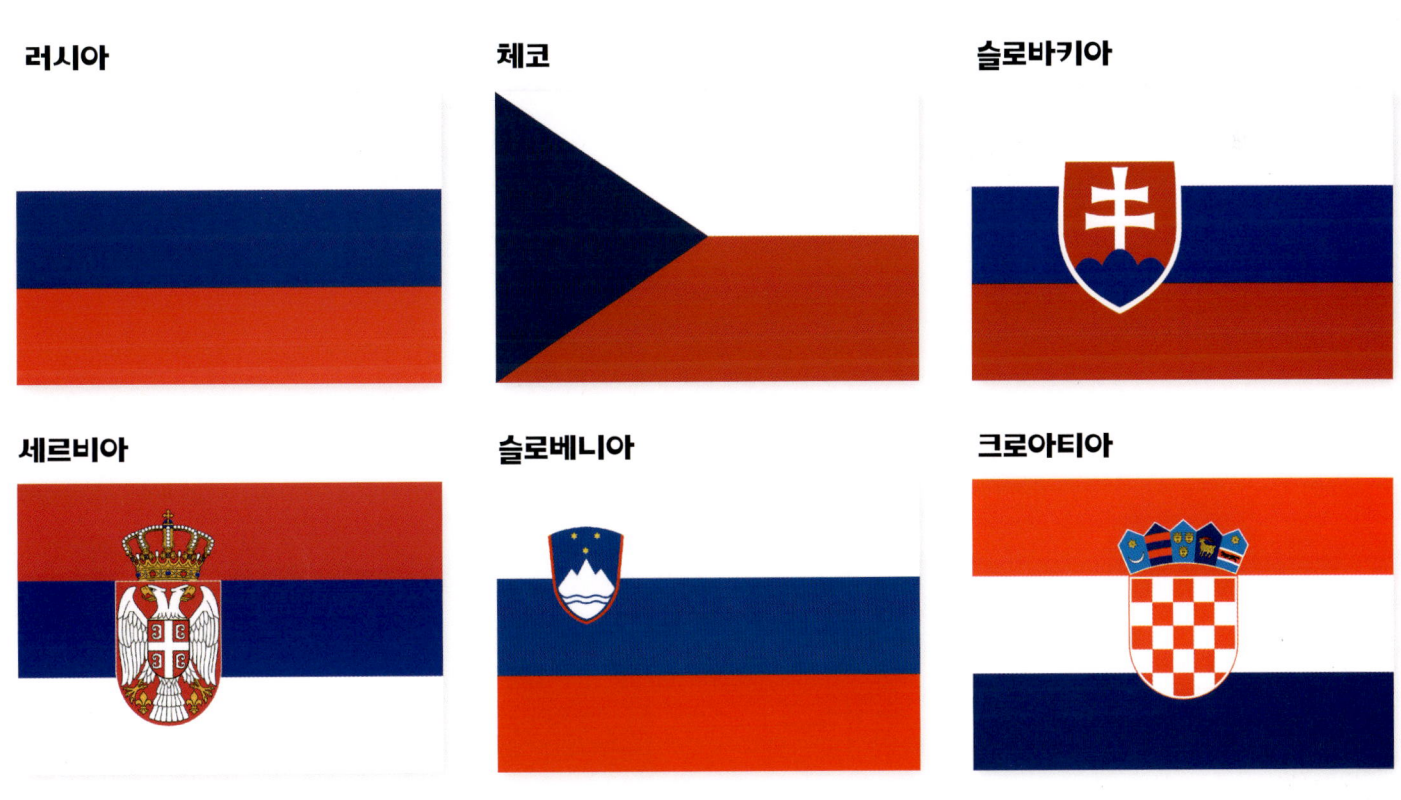

러시아   체코   슬로바키아

세르비아   슬로베니아   크로아티아

코소보 공화국

Republic of Kosovo

수도 프리슈티나　**면적** 1만 908㎢
인구 약 180만 명　**주요 언어** 알바니아어, 세르비아어
종횡비 2 : 3

가운데 금색은
국토의 모양을 나타내요.

별은 6대 민족의 조화와
단결을 의미해요.

유럽 연합 기와 비슷한 것은 독립할 때
여러 나라의 지원을 받았기 때문이에요.

2008년 세르비아 자치주였던 코소보가 독립하여 생긴 나라예요. 발칸반도 중부에 위치하며 자연 경관이 아름다워요. 세계유산 데차니 수도원 등 중세 건축물이 많이 남아 있어요.

전통 악기

코소보 중세 유적지
데차니 수도원

산마리노 공화국

Republic of San Marino

수도 산마리노　**면적** 61㎢
인구 약 3만 3,745만 명　**주요 언어** 이탈리아어
종횡비 3 : 4

순수와 평화를
나타내는 하양

티타노산을 둘러싼 하늘, 바다,
자유를 나타내는 파랑

문장에는 왕관과 티타노산의 탑,
월계수, 떡갈나무 가지가 있어요.

리본에는 라틴어로
'자유'라고 쓰여 있어요.

국경이 이탈리아에 둘러싸인 나라로 국토의 면적은 작아요. 수도는 높이 739m의 티타노산 위에 있어요. 산마리노 역사 지구와 티타노산은 세계유산으로 등재되어 있어요. 아름다운 우표와 동전을 만드는 나라로도 유명해요.

티타노산에는
3개의 탑이 있어요.

리베르타 광장의
정부 청사 앞에 있는 위병

스위스 연방

Swiss Confederation

수도 베른 **면적** 4만 1,293㎢
인구 약 874만 명 **주요 언어** 독일어, 프랑스어, 이탈리아어, 로망슈어
종횡비 1 : 1

주권을 나타내는 빨강

기독교 정신을 의미하는 하양

슈비츠 주의 국기가 원형이에요.

국제 연합과 올림픽에서 사용할 때는 종횡비를 2 : 3으로 다른 나라와 크기를 맞춰요.

남쪽에 알프스산맥이 늘어선 국가예요. 4,478m의 높은 봉우리 마터호른에 오르기 위해 전 세계에서 등산가가 찾아와요. 시계 산업의 역사가 깊고 유명해요. 높은 산과 계곡으로 목축과 낙농업이 발달했어요. 제네바에는 국제 적십자와 세계 보건기구의 본부가 있고, 로잔에는 국제 올림픽 위원회 본부가 있어요.

마터호른산

고르너그라트 산악 철도

치즈 퐁뒤

알펜호른은 목동들이 불었던 전통 악기예요.

알면 더 재미있는 국기 이야기

적십자사와 적신월사의 표장

적십자사는 세계에서 가장 큰 인도 지원 단체로 전쟁과 자연재해 때 구원·구조 활동을 하는 국제적인 단체예요. 1863년 스위스의 실업가 장 앙리 뒤낭에 의해 창설되었어요. 적십자의 표장은 창설자의 조국인 스위스에 경의를 표하는 의미로, 스위스 국기 색을 뒤바꾼 것이 채용되었어요.

적신월사는 이슬람권의 구호 단체로 적십자사와 같은 인도적 활동을 해요. 1876년, 이슬람교 나라인 튀르키예는 적십자사의 표장에 있는 십자 모양이 기독교의 십자가를 떠올리게 한다는 것 때문에 튀르키예 국기에 있는 달을 붉게 한 표장을 채용했어요. 그리고 명칭도 적신월사로 변경했어요. 그 이후, 이슬람 제국에서는 적신월사라는 이름과 붉은 초승달 모양의 표장을 사용했어요.

'국제 적십자·적신월사 연맹'이 운영하고 있으며, 인도·공평·중립·독립·봉사·단일·세계성을 원칙으로 활동을 이어가고 있어요.

또, 유대교 나라인 이스라엘은 '다윗의 별'이라고 불리는 붉은 육각별을 표장으로 했으나 인정받지 못했어요. 2005년, 종교를 연상시키지 않은 '적수정(레드 크리스털)'이 제3의 표장으로 채용되었어요. 이스라엘의 적수정 사용을 받아들여 국제적십자·적신월사 연맹에의 가맹이 승인되었어요.

적십자 — 스위스의 국기 색을 뒤바꾼 디자인 / 스위스

적신월 — 튀르키예 국기에 있는 달을 붉게 한 디자인 / 튀르키예

적수정(레드 크리스털) — '다윗의 별'을 넣은 표장도 사용할 수 있어요.

스웨덴 왕국

Kingdom of Sweden

수도 스톡홀름 **면적** 44만 9,964㎢
인구 약 1,040만 명 **주요 언어** 스웨덴어, 핀란드어
종횡비 5 : 8

스칸디나비아 제국에 공통되는 십자예요.

1157년, 핀란드와 전쟁 직전에 국왕 에리크 9세가 창공에서 빛나는 황금 십자가를 보았다는 전설에서 유래했다고 해요. 실제로는 덴마크 국기의 영향을 강하게 받은 것으로 알려져 있어요.

기의 끝을 제비 꼬리처럼 만든 모양은 육군과 해군 기로 사용되고 있어요.

스칸디나비아반도 동쪽에 위치하며 발트해에 닿아 있어요. 밀과 보리, 감자 등의 재배와 임업이 발달했어요. 수도 스톡홀름에서는 매년 노벨상 수상식이 열려요. 박물관도 많고 자연 정취가 좋아 관광객이 많이 찾아와요. 북부의 유카스야르비에는 얼음으로 만든 아이스 호텔이 있어요.

전통 의상

아이스 호텔은 매년 12월에 만들어지고 4월에는 녹아 없어져요.

노벨 평화상 시상식은 노르웨이의 오슬로에서 열려요.

스페인 왕국

Kingdom of Spain

수도 마드리드 **면적** 50만 5,370㎢
인구 약 4,743만 명 **주요 언어** 스페인어
종횡비 2 : 3

나라를 지키기 위해 흘린 피를 나타내는 빨강

5개 왕국의 문장을 조합한 것이에요. 양쪽에는 '헤라클레스의 기둥'으로 지브롤터와 세우타를 나타내요. 기둥에 감긴 리본에는 라틴어로 '보다 더 멀리'라고 적혀 있어요.

풍요로운 국토를 나타내는 노랑

이베리아반도 대부분을 차지하는 나라예요. 격렬한 스텝과 연주, 전통적인 노래가 어우러진 플라멩코는 민족 예술이에요. 투우사와 소가 싸우는 투우가 유명해 '정열의 나라'라고 불려요. 세계적인 건축가 안토니 가우디와 화가 파블로 피카소를 낳은 나라로도 유명해요. 파에야는 스페인의 대표 음식이에요.

사그라다 파밀리아 성당은 건축가 안토니 가우디가 설계했어요.

파에야는 쌀, 고기, 해산물, 야채 등을 볶은 전통 음식이에요.

플라멩코는 전통 민요와 무용, 기타 연주가 어우러진 예술이에요.

슬로바키아 공화국

Slovak Republic

수도 브라티슬라바 **면적** 4만 9,035㎢
인구 약 547만 명 **주요 언어** 슬로바키아어, 헝가리어
종횡비 2 : 3

문장에는 기독교의 복십자와 타트라, 마트라, 파트라
3개의 산맥이 그려져 있어요.

범슬라브 색인
하양·파랑·빨강

1993년에 체코슬로바키아에서 각각 분리되어 생긴 나라예요. 다뉴브강이 내려다보이는 높은 곳에 위치한 브라티슬라바 성이 유명해요. 양치기가 연주하는 전통 악기 푸자라도 잘 알려져 있어요.

푸자라는
손가락 구멍이 3개 있는
크고 기다란 피리예요.

브라티슬라바 성

슬로베니아 공화국

Republic of Slovenia

수도 류블랴나 **면적** 2만 270㎢
인구 약 206만 명 **주요 언어** 슬로베니아어
종횡비 1 : 2

문장에는 슬로베니아의 상징이자
최고봉 트리글라우산과 노란색 육각별이 그려져 있어요.

범슬라브 색인
하양·파랑·빨강

1991년에 구 유고슬라비아에서 독립한 나라예요. 빙하가 녹아서 만들어진 에메랄드 빛 블레드 호수가 유명해요. 겨울이 끝나고 따뜻한 봄을 축하하는 쿠렌토바니예 축제도 잘 알려져 있어요.

쿠렌토바니예는 털이 수북한
독특한 의상을 입고 가면을 쓰고
거리를 행진하는
축제예요.

블레드 호수의
성모 승천 교회

세르비아 공화국

Republic of Serbia

수도 베오그라드 **면적** 7만 7,612㎢
인구 약 689만 명 **주요 언어** 세르비아어, 헝가리어, 슬로바키아어
종횡비 2 : 3

범슬라브 색인
빨강·파랑·하양

쌍두수리는
이 나라가 동양과
서양의 중간인
발칸반도에
위치하여
양쪽을 두루
살피는 것을
나타내요.

혁명과 피를
나타내는 빨강

하늘을
나타내는 파랑

자유를
나타내는 하양

발칸반도 중앙부에 위치한 나라예요. 12세기에 건축된 세계유산 스투데니차 수도원이 유명해요. 세르비아에서 가장 규모가 크고 아름다워요. 파프리카의 명산지로도 알려져 있어요. 1992년에 구 유고슬라비아가 해체되자, 몬테네그로와 유고슬라비아 연방 공화국을 이루었어요. 그 후 2006년에 몬테네그로가 분리되어, 세르비아 공화국이 되었어요.

전통 민속춤
콜로

스투데니차 수도원

파프리카를 집 벽에
매달아 건조시키거나,
페이스트로
만들어 먹어요.

체코 공화국

Czech Republic

수도 프라하 **면적** 7만 8,867㎢
인구 약 1,073만 명 **주요 언어** 체코어
종횡비 2 : 3

범슬라브 색인
하양·파랑·빨강

1993년 체코슬로바키아 연방 공화국이 체코와 슬로바키아로 분리되었지만 국기를 그대로 사용하고 있어요.

체코 공화국의 국장은 3개 지역을 나타내고 있어요. 왼쪽 위와 오른쪽 아래는 보헤미아, 오른쪽 위는 모라비아, 왼쪽 아래는 실레시아의 문장이에요.

1993년 체코슬로바키아가 분리되어 생긴 나라예요. 수도에 있는 프라하 성은 세계에서 가장 크며 보헤미아 왕과 신성 로마 제국 황제의 거처로 사용되었어요. 마리오네트(꼭두각시)를 이용한 인형극과 전통 공예품인 보헤미안 유리가 유명해요.

마리오네트 인형극

전통 의상

세계유산
프라하 역사 지구

덴마크 왕국

Kingdom of Denmark

수도 코펜하겐 **면적** 4만 2,934㎢*
인구 약 589만 명 **주요 언어** 덴마크어
종횡비 28 : 37

스칸디나비아 제국에 공통되는 십자는 이 국기가 모델이 되었어요.

스코틀랜드와 오스트리아에 이어 세계에서 가장 오래된 국기 중 하나예요. '단네브로'라고도 불리며 '덴마크의 힘'이라는 의미가 있어요.

유틀란트반도와 그 동쪽에 있는 섬으로 이루어졌어요. 국토의 대부분이 평평하고 낮은 땅으로 이루어져 있어요. 《인어 공주》, 《미운 오리 새끼》, 《벌거벗은 임금님》 등의 동화로 익숙한 작가 안데르센이 이 나라 출신이에요. 북극권에 있는 '그린란드'는 이 나라 자치령이에요.

코펜하겐에 있는 인어공주 동상

뉘하운 운하를 따라 늘어선 화려한 색의 코펜하겐 건물

그린란드 전통 의상

독일 연방 공화국

The Federal Republic of Germany

수도 베를린 **면적** 35만 7,580㎢

인구 약 8,323만 명 **주요 언어** 독일어

종횡비 3 : 5

'연방기'라고도 불려요.

19세기 초 나폴레옹 군과 싸운 의용병의 군복색에서 유래했어요. 검정은 제복, 빨강은 견장, 노랑은 금단추를 나타내요.

독일 민주공화국(동독) 시대의 국기 (1959~1990년). 독일은 제2차 세계 대전 후 동서로 분단되었어요. 망치, 컴퍼스, 보리 이삭으로 감싼 문장이 그려져 있어요.

유럽 연합의 회원국 중에서 가장 인구가 많아요. 바흐와 베토벤 등 유명 작곡가와 《빨간 두건》, 《브레멘 음악대》 등의 민화를 수집한 그림 형제를 낳은 나라로도 유명해요. 1949년부터 동독과 서독으로 나뉘어져 있었지만, 1990년에 통일되었어요.

노이슈반슈타인 성

소시지와 사워크라우트. 양배추를 소금에 절인 독일식 김치예요.

맥주

전통 의상

노르웨이 왕국

Kingdom of Norway

수도 오슬로 **면적** 38만 6,958㎢
인구 약 538만 명 **주요 언어** 노르웨이어, 사미어
종횡비 8 : 11

덴마크 국기의 하얀 백십자 위에
파란 십자를 겹쳤어요.

스웨덴으로부터 독립 운동의 상징으로 내걸었던
깃발이 나중에 국기로 정해졌어요.

나라의 북부는 북극권에 속해요. 해안은 빙하의 침식으로 깎여 좁고 깊은 피오르 지형이에요. 뛰어난 경관으로 아름다운 풍경을 자랑해요. 12세기에 건축된 세계유산 우르네스 목조 교회가 유명해요.

우르네스 목조 교회

민속 찰현악기
하르당에르 피들

바티칸 시국(교황청)

State of the Vatican City(The Holy See)

수도 바티칸 **면적** 0.44㎢
인구 약 1,000명 **주요 언어** 라틴어, 프랑스어, 이탈리아어
종횡비 1 : 1

정사각형 국기예요.

교차된 금 열쇠는
'베드로의 열쇠'라고 불려요.

노랑과 하양은 교황청 위병의 모자 장식에서
유래했다는 설이 있어요.

이탈리아 로마 시내에 위치하며 세계에서 가장 작은 나라예요. 로마 가톨릭 교회 최고위 로마 교황이 국가 원수도 겸하고 있어요. 산 피에트로 대성당은 세계에서 가장 큰 규모로 가톨릭의 중심지예요.

스위스 근위대.
바티칸 시국과
교황청을 지켜요.

산 피에트로 대성당

헝가리 공화국

Republic of Hungary

수도 부다페스트 **면적** 9만 3,030㎢
인구 약 977만 명 **주요 언어** 헝가리어(마자르어)
종횡비 1 : 2

오스트리아·헝가리 제국 시대의 국기 (1867~1918년). 헝가리는 오스트리아와 동일 군주를 가진 이중 제국이에요.

힘을 나타내는 빨강 ▶

성실함을 나타내는 하양 ▶

◀ 희망을 나타내는 초록

다뉴브강이 국토 가운데를 흘러요. 중세 거리가 남아 있는 수도 부다페스트는 세계 최초로 전기식 지하철이 운행된 도시로 유명해요. 트램, 버스, 택시 등 다양한 교통 수단이 있어요. 파프리카 재배가 발달했고, 전통 요리 굴라시(구야시)는 파프리카 파우더와 소고기, 야채 등으로 맛을 낸 헝가리식 수프예요.

세체니 온천

양처럼 길고 곱슬곱슬한 털을 가진 만갈리차 돼지

칼로차 자수를 놓은 전통 의상

핀란드 공화국

Republic of Finland

수도 헬싱키　**면적** 33만 8,145㎢
인구 약 559만 명　**주요 언어** 핀란드어, 스웨덴어
종횡비 11 : 18

눈을 나타내는 하양 ▶

호수와 늪, 하늘을 나타내는 파랑 ▶

정부 기관에서는 십자 가운데 빨강 방패에 금색의 사자 문장이 들어간 기를 사용해요.

◀ 스칸디나비아 제국에 공통되는 십자예요.

핀란드는 국토의 70퍼센트 이상이 울창한 숲으로 덮여 있고, 18만 개가 넘는 호수가 있어요. 국민들은 핀란드를 '숲과 호수의 나라'라고 생각해요. 사우나가 만들어진 나라로도 알려져 있어요. 북부 라플란드 지방에는 산타클로스가 사는 마을이 있어요.

라플란드의 로바니에미는 산타클로스의 고향이에요.

카렐리안 파이(카리알란피라카)는 으깬 감자나 쌀 등을 호밀 가루 반죽으로 싼 파이예요.

로히케이토는 연어 수프예요.

사미인의 전통 의상

프랑스 공화국

The French Republic

수도 파리 **면적** 67만 5,417㎢
인구 약 6,781만 명 **주요 언어** 프랑스어
종횡비 2 : 3

자유를 나타내는 파랑 →

평등을 나타내는 하양 →

← 박애를 나타내는 빨강

삼색 모장(모자에 붙이는 표지). 국기의 파랑·하양·빨강 삼색은 이 모장에서 유래해요. 프랑스 혁명의 발단이 된 1789년 바스티유 감옥을 습격한 이튿날 국민군 총사령관인 라파예트가 이 모장을 시민들에게 나누어 주었어요.

'유럽의 빵 바구니'라고 불릴 정도로 전통적으로 농업이 발달했어요. 꽃의 도시 파리의 센강에서는 세계유산으로 지정된 에펠탑과 개선문, 루브르 박물관, 노트르담 대성당 등 한눈에 명소를 볼 수 있어요. 테제베(TGV) 고속 철도는 관광객에게도 인기가 많아요. 프랑스는 세계 3대 요리로 푸아그라, 오믈렛 등 세계적으로 유명한 음식이 많으며, 미식 문화가 발달했어요.

프랑스 빵 바게트

에투알 개선문

에펠탑

알면 더 재미있는 국기 이야기

많은 나라에 퍼진 삼색기

프랑스 혁명으로 생긴 프랑스 국기는 파랑·하양·빨강의 세로 삼색기예요. 이 디자인은 여러 나라의 국기에 영향을 주었어요.

그 예로 이탈리아 국기가 있어요. 1796년, 나폴레옹 보나파르트가 이끈 프랑스 군은 이탈리아 북부에 원정하여, 당시 분열되어 있던 나라들을 통일했어요.

그 나라의 국기에는 프랑스 국기의 파랑을 초록으로 바꾼 초록·하양·빨강 세 가지 색이 사용되었어요. 현재의 이탈리아 국기는 이때의 깃발이 기원이 되었어요.

노르웨이 국기도 프랑스 국기에서 색을 따온 것이 채용되었어요.

또한, 어느 전문가의 이야기에 따르면 미국의 '성조기'도 독립할 때 프랑스로부터 커다란 지원을 받았기 때문에 프랑스 국기와 같은 색을 사용하여 디자인을 했다고 해요.

네덜란드의 국기는 빨강·하양·파랑의 가로 삼색기인데, 프랑스 국기보다 역사가 길며 세계 최초의 삼색기라고 일컬어져요.

러시아 국기는 네덜란드 국기를 모델로 만들어졌다고 해요. 불가리아 국기는 러시아 국기의 파랑을 초록으로 바꾼 디자인이에요.

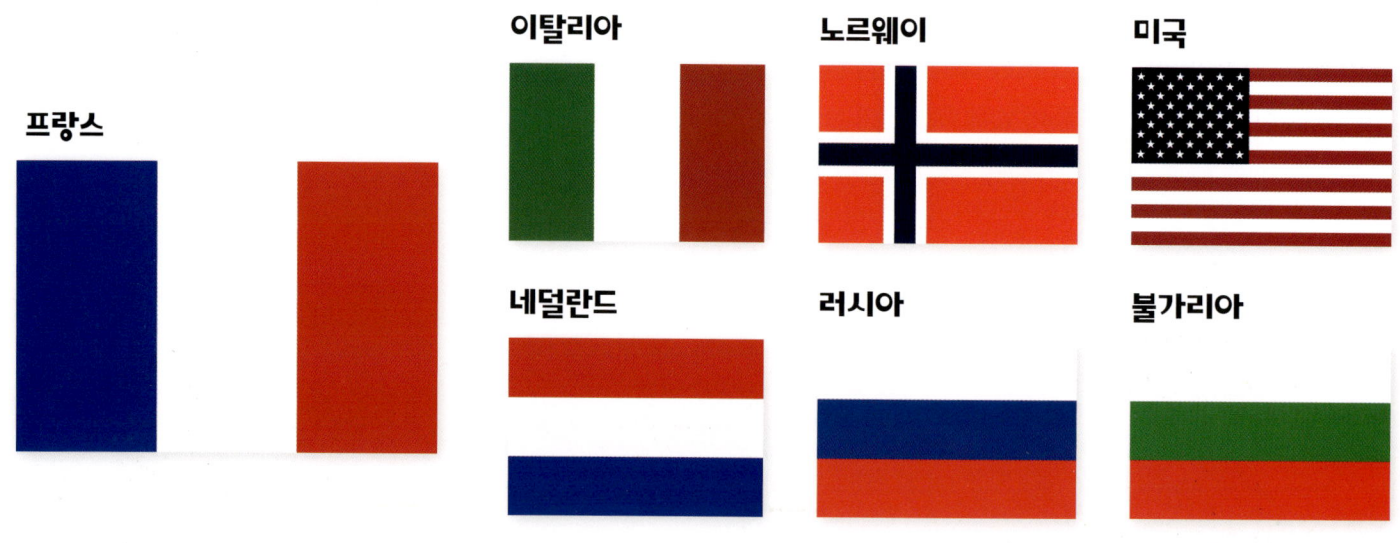

불가리아 공화국

Republic of Bulgaria

수도 소피아 **면적** 11만㎢
인구 약 695만 명 **주요 언어** 불가리아어
종횡비 2:3

순결, 평화, 친선을 나타내는 하양

농업과 풍성함을 나타내는 초록

애국심을 나타내는 빨강

슬라브족의 나라로 러시아 국기의 영향을 받았어요.

흑해의 서안에 있는 나라예요. 오랫동안 농업과 목축이 발달했고 요구르트와 치즈 등 유제품이 유명해요. '장미의 골짜기'라고 불리는 카잔루크에서는 장미 수확을 축하하는 장미 축제가 열려요.

장미의 도시라 불리는 '카잔루크'에서는 매년 장미 축제가 열려요.

타라토르는 요구르트에 다진 오이와 호두를 넣은 차가운 수프예요.

벨라루스 공화국

Republic of Belarus

수도 민스크 **면적** 20만 7,600㎢
인구 약 926만 명 **주요 언어** 벨라루스어, 러시아어
종횡비 1:2

전통 자수 문양은 문화 유산과 정신적인 계승을 의미해요.

조상의 희생과 역사를 나타내는 빨강

생명, 대지, 희망을 나타내는 초록

가장 북쪽에 있는 내륙 국가예요. 전통적으로 농업과 축산업이 발달했어요. 마의 일종인 아마, 감자, 밀 등이 주요 농작물이에요. 가방이나 옷의 직물(리넨)이 특산품이에요. 5개의 탑과 붉은 벽돌이 특징인 세계유산 미르 성도 유명해요.

전통 의상에는 무늬가 새겨져 있어요.

미르 성

벨기에 왕국

Kingdom of Belgium

수도 브뤼셀 **면적** 3만 528㎢
인구 약 1,140만 명 **주요 언어** 네덜란드어, 프랑스어, 독일어
종횡비 13 : 15

정사각형에 가까운 모양이지만 실제로는 2 : 3 국기도 폭넓게 사용되고 있어요.

브라반트 공국의 문장. 국기의 삼색은 검은 바탕에 붉은 손톱과 혀를 내민 황금 사자의 문장에서 유래했어요.

프랑스 혁명에 용기를 얻어서 독립 운동이 시작되었기 때문에 프랑스의 삼색기에 영향을 받았어요.

유럽의 북서부에 위치하며 북해에 닿아 있어요. 수도 브뤼셀의 광장 그랑플라스에서는 2년마다 주제를 정해 플라워 카펫을 만드는 꽃 축제가 열려요. 또 남부에 있는 이프르 도시에서는 3년에 한 번 고양이 축제가 열려요. 디저트 와플이 유명하고 종류도 다양해요.

와플

그랑플라스에서 열리는 플라워 카펫

고양이 축제

폴란드 공화국

Republic of Poland

수도 바르샤바 **면적** 31만 2,685㎢
인구 약 3,856만 명 **주요 언어** 폴란드어
종횡비 5 : 8

자유를 나타내는 하양 ▶

◀ 자유를 위해 흘린 피를 나타내는 빨강

건국자 레흐가 석양을 배경으로 날아가는 흰 독수리를 보고 깃발을 만들었다는 유래가 있어요. 상선기에는 이 문장이 그려져 있어요.

'피아노의 시인'이라고 불리는 작곡가 쇼팽과 과학자 퀴리 부인을 낳은 나라예요. 벨라루스와의 국경에 펼쳐진 세계유산 비아워비에자 숲은 유럽 최대의 삼림 지대예요. 이 숲을 대표하는 유럽들소와 함께 다양한 야생 동식물이 살아요. 농업국으로 감자와 호밀 등의 재배가 발달했어요.

와지엔키 공원에 있는 쇼팽 동상

유럽들소

전통 의상 콘투쉬

보스니아 헤르체고비나

Bosnia and Herzegovina

수도 사라예보 **면적** 5만 1,209㎢
인구 약 326만 명 **주요 언어** 보스니아어, 세르비아어, 크로아티아어
종횡비 1 : 2

파랑 바탕에 별 모양은 유럽 연합 기에서 유래했어요. 유럽 나라들의 우호를 나타내요. 위아래의 별이 잘린 것은 이 나라가 영원히 발전하기를 바라는 마음을 표현하고 있어요.

구 유고슬라비아에서 독립했을 때는 파랑 방패에 6개의 노란 백합이 그려진 국기를 사용했어요. (1992~1998년)

노란 삼각형은 국토의 모양과 보스니아인, 크로아티아인, 세르비아인을 나타내요.

국토의 대부분이 산지로 임업과 농업이 발달했어요. 다진 고기를 막대 모양으로 만들어 구운 체바피가 대표 음식이에요. 남부 도시 모스타르에는 오래된 다리를 뜻하는 세계유산 스타리 모스트 돌다리가 있어요. 16세기에 건설된 다리는 1993년 내전으로 부서졌다가 2004년에 재건되었어요.

전통 의상

대표 음식 체파비는 빵에 소시지, 양파 등을 곁들여 먹어요.

모스타르의 아치 다리 스타리 모스트

포르투갈 공화국

The Portuguese Republic

수도 리스본 **면적** 9만 2,226㎢
인구 약 1,034만 명 **주요 언어** 포르투갈어
종횡비 2 : 3

희망을 나타내는 초록

천구의 문장은 우주와 뛰어난 항해술을 의미해요.

10월 혁명으로 흘린 피를 나타내는 빨강

5개의 파랑 방패는 포르투갈을 건국할 때 5명의 왕을 쓰러뜨린 것을 기념한 것이에요. 7개의 성은 무어족으로부터 되찾은 성을 나타내요.

유라시아 대륙에서 가장 서쪽에 있는 나라예요. 아프리카 남단을 돌아 인도로 가는 항로를 개척한 항해자, 바스코 다 가마가 포르투갈인이에요. 대항해 시대 포르투갈은 점점 해외로 진출했어요. 유럽을 시작으로 중국, 일본과도 접촉했어요. 리스본 항구에 있는 제로니무스 수도원과 벨렝 탑은 세계유산으로 항로 발전을 기념하는 건축물이에요.

벨렝 탑은 바스코 다 가마의 인도 항해 발견을 기념해 만들어졌어요.

행운의 상징 닭 장식품

포덴세 카니발

몰타 공화국

Republic of Malta

수도 발레타 **면적** 316㎢
인구 약 46만 1,000명 **주요 언어** 몰타어, 영어
종횡비 2 : 3

제2차 세계 대전에서 공적을 칭송하여, 영국이 보낸 성 조지 훈장이에요. 성 조지는 용을 퇴치했다는 전설로 유명한 잉글랜드의 수호성인을 말해요. 훈장에도 그 전설의 일부가 그려져 있어요.

순결, 정의, 평화를 나타내는 하양

정열, 희생을 나타내는 빨강

1091년, 이슬람교도의 지배하에 있던 몰타를 해방시킨 루제로 백작의 기에서 유래해요.

지중해의 거의 한가운데 있는 작은 섬나라로, 몰타섬, 고조섬, 코미노섬 등으로 이루어졌어요. 몰타섬의 성 엘모 요새에서 열리는 인 구아디아 퍼레이드는 중세 유럽 기사단(지금의 몰타 기사단)이 행하던 군사들의 훈련 모습을 재현한 것이에요.

뽀빠이 마을. 1980년 공개한 실사판 영화 《뽀빠이》의 촬영지로 촬영 세트가 그대로 남아 있어요.

전통 어선 루쯔

몰타를 지켜냈던 기사단의 모습을 재현한 인 구아디아 퍼레이드는 인기가 많아요.

모나코 공국

Principality of Monaco

수도 모나코 **면적** 2㎢
인구 약 3만 1,223명 **주요 언어** 프랑스어
종횡비 4 : 5

빨강과 하양은 그리말디 가문의 색에서 유래해요

국제 연합과 올림픽에서 보는 종횡비 2 : 3의 국기는 인도네시아 국기와 똑같아요.

세계에서 두 번째로 작은 나라로 바다와 접해 있고 높은 지형이 특징이에요. 관광업이 발달했어요. 매년 개최되는 자동차 경주인 모나코 그랑프리에서는 레이싱 카가 마을의 일반 도로를 달려요.

모나코 그랑프리

몬테카를로 카지노는 모나코에서 가장 오래됐어요.

몰도바 공화국

Republic of Moldova

수도 키시너우 **면적** 3만 3,851㎢
인구 약 254만 1,000명 **주요 언어** 몰도바어, 러시아어
종횡비 1 : 2

루마니아 국기와 같은 삼색에 몰도바의 국장이 그려져 있어요.

몰도바인은 루마니아인과 민족적으로 가깝고 문화를 공유한 것이 그 이유라고 해요.

비옥한 토양이 펼쳐진 농업국으로, 포도와 옥수수, 해바라기 씨 등을 농사지어요. 세계적으로 와인이 유명하며 매년 포도 수확을 축하하는 와인 축제가 열려요.

머멀리거는 대표 음식으로 옥수수 가루로 만들어요.

와인 축제

몬테네그로

Montenegro

수도 포드고리차 **면적** 1만 3,812㎢
인구 약 62만 명 **주요 언어** 몬테네그로어
종횡비 1 : 2

중심에 있는 것은 국장이에요. 쌍두수리 안에
금색 사자 문양은 구 베네치아 공화국의 상징이에요.

국기에 쌍두수리가 그려진 나라는
세르비아와 알바니아가 있어요.

올리브와 포도를 재배하고 목축이 발달했어요.
아드리아해 연안의 코토르 거리는 중세 시대
예술의 중심지로 세계유산이에요. 코토르만에 떠
있는 작은 세인트 조지섬에는 수도원이 있어요.

세인트 조지섬

전통 악기
구슬레

라트비아 공화국

Republic of Latvia

수도 리가 **면적** 6만 4,589㎢
인구 약 186만 명 **주요 언어** 라트비아어
종횡비 7 : 2

민족을 지킨 여러 전쟁에서   인권, 성실, 명예를
흘린 피를 나타내는 적갈색   나타내는 하양

1917년에 공모에서 채택된 디자인이에요.
1940년부터 소비에트 연방의 일부가 되어 국기가
바뀌었다가 1990년에 독립했어요.

에스토니아, 리투아니아와 함께 '발트 3국'이라고
불려요. '발트해의 진주'라고 불리는 수도 리가에는
중세의 역사적인 건축물이 남아 있어요. 중세의
도시 구조와 건축 양식이 잘 보존되어 있어요.

전통 의상

세계유산
리가 역사 지구 블랙헤드 하우스(검은 머리 전당)는
콘서트홀, 박물관, 안내소 등으로 사용돼요.

리투아니아 공화국

Republic of Lithuania

수도 빌뉴스 면적 6만 5,300㎢
인구 약 280만 명 주요 언어 리투아니아어
종횡비 3:5

태양, 빛, 행복을 나타내는 노랑

국토의 아름다움, 희망, 기쁨을 나타내는 초록

대지, 활력, 피를 나타내는 빨강

1940년부터 소비에트 연방의 일부가 되어 국기가 바뀌었지만, 1989년에 다시 제정했어요.

'발트 3국' 중 가장 남쪽에 있는 나라예요. '십자가 언덕'에는 몇 만 개나 되는 십자가가 세워져 있어요. 기독교도들의 순례 장소로 유명하며 리투아니아의 대표 명소예요. 호박의 산지로도 알려져 있어요.

전통 의상

샤울레이의 십자가 언덕

리히텐슈타인 공국

Principality of Liechtenstein

수도 파두츠 면적 160㎢
인구 약 3만 9,055명 주요 언어 독일어
종횡비 3:5

공작의 금색 왕관은 통치자의 지위와 국민과의 하나가 됨을 의미해요.

하늘을 나타내는 파랑

불과 가정의 난로를 나타내는 빨강

스위스와 오스트리아 사이에 있는 작은 나라예요. 우편 역사와 관련한 우표 박물관이 있어요. 아름다운 디자인의 우표로 인기가 많아요. 수도 파두츠는 농업의 중심지이자, 국가 원수 리히텐슈타인 공이 거주하는 파두츠 성이 있어요.

전통 의상

파두츠 성

루마니아

Romania

수도 부쿠레슈티　**면적** 23만 8,397㎢
인구 약 1,905만 명　**주요 언어** 루마니아어
종횡비 2 : 3

프랑스 국기에 영향을 받은 삼색기

차드 공화국 국기와 디자인이 같아요.

자유를 나타내는 파랑

차우셰스쿠 정권의 붕괴와 함께 공산주의를 나타내는 국장이 사라졌어요.

희생과 피를 나타내는 빨강

풍요를 나타내는 노랑

나라 이름은 '로마인의 나라'라는 의미예요. 남쪽 불가리아와의 국경을 따라 도나우강(다뉴브강)이 흐르고, 하구에는 세계유산 도나우강 삼각주가 펼쳐져 있어요. 밀과 옥수수 등의 재배가 활발해요. 유럽에서는 드물게 석유가 나요. 루마니아의 코머네슈티에서는 곰 가면과 털옷을 입고 춤을 추는 의식이 있어요. 나쁜 운을 쫓아내고 새해의 행운을 기원해요.

소설 《드라큘라》에 등장하는 성의 모델이 된 브란 성

곰 댄스를 출 때는 곰의 털가죽으로 만든 의상을 입어요.

서푼차 마을의 화려한 무덤

룩셈부르크 대공국

Grand Duchy of Luxembourg

수도 룩셈부르크 **면적** 2,586㎢
인구 약 64만 명 **주요 언어** 룩셈부르크어, 프랑스어, 독일어
종횡비 3 : 5

룩셈부르크 대공가의 문장. 국기의 빨강·하양·파랑의 배색은 이 문장에서 유래해요.

네덜란드의 국기와 매우 비슷해요. 룩셈부르크에서는 보다 밝은 파랑을 사용하고 별도의 국기가 있어요.

벨기에, 독일, 프랑스에 둘러싸인 나라예요. 수도 룩셈부르크의 구시가지에는 역사적인 건축물이 많이 남아 있어요. 대표 음식 리슬링 페이스트리가 유명해요. 전통 요리부터 새로운 요리까지 다채로워 '미식의 나라'라고 불려요. 맛있는 와인과 과자를 만드는 나라이기도 해요.

여름의 이동식 축제 쇼버포어

리슬링 페이스트리는 전통적인 고기 파이 음식이에요.

에히터나흐의 호핑 댄스 행렬

러시아 연방

Russian Federation

수도 모스크바 **면적** 1,709만㎢
인구 약 1억 4,275만 명 **주요 언어** 러시아어
종횡비 2 : 3

진실, 자유, 독립을 나타내는 하양

17세기 말에 표트르 대제가 네덜란드를 시찰했을 때, 네덜란드 국기에서 힌트를 얻었다고 해요.

용기, 사랑, 희생을 나타내는 빨강

헌신과 충성을 나타내는 파랑

소비에트 사회주의 공화국 연방 시대의 국기 (1955~1991년). 붉은 바탕에 농민의 상징인 낫과 노동자의 상징인 망치와 별이 그려져 있어요.

유럽과 아시아에 걸쳐져 있으며, 세계 최대의 면적을 자랑하는 나라예요. 풍부한 광물 자원이 있고, 석유와 천연가스가 많이 나요. 작가 톨스토이와 도스토옙스키를 낳은 나라이기도 해요. 세계에서 가장 긴 시베리아 철도는 수도 모스크바와 블라디보스토크를 연결하며, 길이가 약 9,300km나 돼요.

성 바실리 대성당

나무로 만든 러시아 인형 마트료시카

보르시는 러시아 전통 수프예요.

서커스

아프리카

알제리 인민 민주 공화국

People's Democratic Republic of Algeria

수도 알제 **면적** 238만 1,741㎢
인구 약 4,508만 명 **주요 언어** 아랍어, 베르베르어, 프랑스어
종횡비 2 : 3

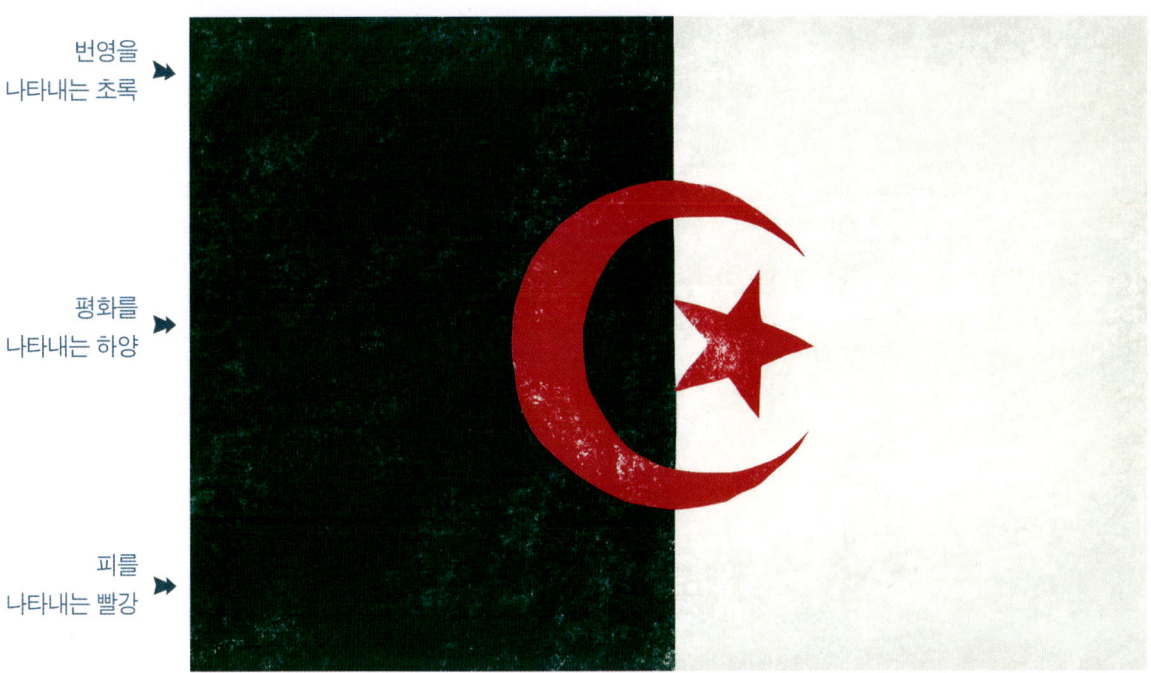

번영을 나타내는 초록 ▶

평화를 나타내는 하양 ▶

피를 나타내는 빨강 ▶

◀ 초승달과 별은 이슬람교를 상징해요. 다른 나라의 국기에 있는 초승달에 비해 달의 끝이 약간 긴 것은 행운의 징표라는 설도 있어요.

지중해에 닿아 있는 이슬람 국가예요. 아프리카에서 가장 영토가 넓고 국토의 대부분을 사하라 사막이 차지해요. 나라가 크기 때문에 역사적인 명소가 많고 자연 경관이 아름다워요. 천연자원이 풍부하며 석유와 가스 생산이 주요 산업이에요. 야자수 숲과 오아시스 도시가 모여 있는 음자브 계곡은 세계유산에 등재되어 있어요.

음자브 계곡

전통 의상 하이크

105

앙골라 공화국

Republic of Angola

수도 루안다　**면적** 124만 6,700㎢
인구 약 3,300만 명　**주요 언어** 포르투갈어
종횡비 2 : 3

- 독립을 위해 흘린 피를 나타내는 빨강
- 아프리카 대륙과 국민을 나타내는 검정
- 별은 단결과 진보를 의미해요.
- 톱니바퀴는 공업과 노동자를, 칼은 농업과 농민을 의미해요.

대서양에 닿아 있으며 콩고 민주 공화국에 의해 분리된 땅도 있어요. 27년 동안 계속된 내전이 2002년에 종결되었어요. 토양과 기후가 좋아 농업이 발달했어요. 석유와 다이아몬드 등 자원이 풍부해요. 뛰어난 자연과 문화유산으로 관광 산업도 발전시키고 있어요. 해산물 요리가 풍부하며 향신료를 많이 사용해요.

칼란둘라 폭포

옥수수 재배

우간다 공화국

Republic of Uganda

수도 캄팔라 **면적** 24만 1,038㎢
인구 약 4,700만 명 **주요 언어** 영어, 스와힐리어, 우간다어
종횡비 2 : 3

아프리카와 아프리카 사람들을 나타내는 검정

형제애를 나타내는 빨강

국조 잿빛왕관두루미

빛나는 태양을 나타내는 노랑

세계 최고 품질의 요리용 바나나 생산국이에요. 옥수수와 콩 등을 재배하고 커피, 차, 담배 등을 수출해요. 더불어 광물 자원도 풍부해요. 남부에는 세계에서 세 번째로 큰 빅토리아 호수가 있고, 넓적부리황새라는 신기한 새가 살아요. 마운틴고릴라도 산악 지대에 살고 있어요.

넓적부리황새

아둥구는 하프처럼 소리를 내는 전통 악기예요.

브윈디 천연 국립공원의 마운틴고릴라

이집트 아랍 공화국

The Arab Republic of Egypt

수도 카이로 **면적** 99만 7,739㎢

인구 약 1억 270만 명 **주요 언어** 아랍어

종횡비 2:3

혁명과 국민의 희생을 나타내는 빨강

빛나는 미래를 나타내는 하양

억압받은 과거와 적의 패배를 나타내는 검정

이집트의 국장 '살라딘의 수리'예요. 12세기 말에 행해진 제3차 십자군으로부터 예루살렘을 지키고, 포로로 잡은 적의 목숨도 살려 준 영웅이에요.

나일강 주변은 세계 4대 문명의 하나인 이집트 문명의 발상지예요. 사막과 바다로 둘러싸여 있어서 오랫동안 문화를 간직할 수 있었어요. 왕의 무덤 피라미드는 고대 이집트 문명의 상징이에요. 인간의 얼굴과 사자 몸을 가진 괴물, 스핑크스 석상이 유명해요. 쿠샤리는 파스타와 쌀, 콩에 토마토소스와 양파 튀김을 곁들여 먹는 전통 음식이에요.

기자의 삼대 피라미드. 기자 지구에 나란히 있는 3개의 피라미드를 말해요.

스핑크스

전통 춤 탄누라

에스와티니 왕국

The Kingdom of Eswatini

수도 음바바네 **면적** 1만 7,364㎢
인구 약 117만 명 **주요 언어** 스와티어, 영어
종횡비 2 : 3

맑게 갠 하늘과 평화를 나타내는 파랑

독립과 국왕을 지키기 위해 흘린 국민의 피를 나타내는 빨강

방패와 창은 왕을 지키는 부대의 문장에서 유래해요.

부와 풍부한 자원을 나타내는 노랑

아프리카 대륙 남쪽에 위치한 고원의 나라예요. 산악을 풍경으로 아름다운 자연을 자랑해요. 18세기 무렵부터 정착한 스와지족이 1968년에 영국으로부터 독립했어요. 아프리카에서 유일하게 왕이 다스리는 나라예요. 2018년에 스와질란드에서 '스와지족의 땅'이라는 의미를 가진 에스와티니로 변경했어요.

전통 집

전통 춤

사탕수수

에티오피아 연방 민주 공화국

The Federal Democratic Republic of Ethiopia

수도 아디스아바바 **면적** 110만 4,300㎢
인구 약 1억 2,300만 명 **주요 언어** 암하라어, 영어
종횡비 1 : 2

녹음이 풍부한 대지를 나타내는 초록

평화와 종교의 자유를 나타내는 노랑

1941~1974년에 사용된 국기에는 '유다의 사자'가 그려져 있었어요.

가운데는 '솔로몬의 별'이에요. 솔로몬은 고대 이스라엘의 왕이에요.

국토를 지키기 위해 흘린 피와 용기를 나타내는 빨강

아프리카에서 가장 오래된 독립국이에요. 평균 높이 약 2,300m의 에티오피아 고원이 국토의 많은 부분을 차지하고 있어요. 커피의 발상지로 커피 재배가 발달했어요. 맛과 향이 뛰어나 세계 각국으로 수출해요. 12~13세기에 거대한 바위를 조각해서 만든 랄리벨라 암굴 교회가 유명해요. 실제 성당으로 사용하며 순례자들이 많이 방문해요.

세계유산
랄리벨라 암굴 교회군

무르시족은 에티오피아 오모강 일대에 거주해요.

인제라는 테프 가루로 만든 얇고 평평한 빵으로 에티오피아의 주식이에요. 익힌 재료와 채소 등을 싸서 먹어요.

> 알면 더 재미있는 국기 이야기

아프리카의 세 가지 색

아프리카 대륙에 있는 나라 중, 많은 나라가 1960년대에 독립했어요. 특히 1960년은 '아프리카의 해'라고 불릴 정도로 많은 나라들이 독립했어요.

그리고 1960년 전후로 독립한 아프리카 여러 나라의 국기에는, 초록·노랑·빨강의 세 가지 색을 사용한 국기가 매우 많아요.

이것은 당시의 정치 지도자들이, 언젠가 전 아프리카를 하나의 나라로 만들자는 이상에 불타고 있었기 때문이에요.

그로 인해 아프리카에서 가장 오래된 독립국인 에티오피아 국기에 있는 초록·노랑·빨강의 세 가지 색을 기본으로 해서 국기를 만들자는 공통의 생각이 있었어요. 이 색을 '범아프리카 색'이라고 해요.

현재도 아프리카 연합(AU)의 본부는 에티오피아의 수도 아디스아바바에 있어요. 하지만 역사적인 경위와 복잡한 민족 대립, 언어와 종교의 차이 등을 이유로 통일은 먼 훗날의 꿈으로 여겨져요.

에티오피아

범아프리카 색의 유래가 된 국기로 1996년부터 '솔로몬의 별' 문장이 추가됐어요.

가나

1957년 아프리카 국가 중 처음으로 '범아프리카 색'을 사용했어요.

부르키나파소

1984년 제정했어요.

상투메 프린시페

1975년 제정했어요.

세네갈

1960년 말리 연방에서 분리되면서 제정했어요.

카메룬

1975년 국기에서 별 2개를 빼고, 가운데 별 1개를 배치했어요.

콩고

1958년 제정했어요. 1991년 다시 현재의 국기로 사용하고 있어요.

말리

국기에 있던 사람 모양을 빼고 1961년 제정했어요.

기니비사우

포르투갈로부터 독립을 선언하면서 1973년 제정했어요.

기니

1958년 제정했어요. 말리의 국기와는 색의 순서가 반대예요.

토고

1960년 독립하면서 제정했어요.

베냉

1959년 제정했어요. 1975년 폐기되었다가 1990년 다시 현재의 국기로 사용하고 있어요.

에리트레아

State of Eritrea

수도 아스마라　**면적** 11만 7,600㎢
인구 약 366만 명　**주요 언어** 아랍어, 티그리냐어, 영어
종횡비 1 : 2

- 승리와 평화를 의미하는 올리브 가지
- 묘목은 희망에 가득 찬 새로운 독립국을 의미해요.
- 독립 투쟁에서 흘린 피를 나타내는 빨강
- 사막의 푸른 대지와 농업을 나타내는 초록
- 오른쪽을 향해 끝이 얇아지는 것은 유혈 참사가 없는 평화로운 미래에 대한 기원을 나타내요.
- 홍해를 나타내는 파랑

홍해와 닿아 있으며 연안 지방은 평야고 내륙은 고원 지대예요. 아스마라의 근대식 아프리카 도시는 이탈리아 식민지 시대에 지어진 유럽풍의 건축물이에요. 세계유산으로 등재되어 있어요. 에리트레아 철도는 증기 기관차로 관광객도 이용이 가능해요.

에리트레아에서 두 번째로 큰 도시 케렌에서는 낙타 시장과 목재 시장이 열려요.

도로 왓은 닭고기와 토마토로 만든 수프로 매콤한 맛이에요.

에리트레아에서 유일한 철도

가나 공화국

Republic of Ghana

수도 아크라 **면적** 23만 8,533㎢
인구 약 3,412만 명 **주요 언어** 영어
종횡비 2 : 3

독립 투쟁으로 흘린 피를 나타내는 빨강

광물 자원인 금과 희망을 나타내는 노랑

아프리카의 자유를 상징하는 검은 별

풍부한 삼림, 농지, 천연 자원을 나타내는 초록

아프리카 대륙의 서부에 위치한 나라로, 영국 식민지 시대에는 '황금 해안(골드 코스트)'이라고 불렸어요. 1957년 영국으로부터 독립했어요. 초콜릿의 원료가 되는 카카오 열매가 많이 나고, 다른 나라로 수출해요. 아샨티 전통 건축물은 18세기 전성기를 누렸던 아샨티 왕국의 전통 문화를 보여 줘요.

전통 의상 켄테는 화려한 색과 무늬가 특징이에요.

세계유산 아샨티 전통 건축물

카카오

카보베르데 공화국

Republic of Cabo Verde

수도 프라이아 **면적** 4,033㎢
인구 약 59만 3,000명 **주요 언어** 포르투갈어, 크레올어
종횡비 10 : 17

태평양과 하늘을 나타내는 파랑

10개의 노란색 별은 나라를 구성하는 10개의 섬을 나타내요.

포르투갈로부터 독립하기 위해 흘린 피를 나타내는 빨강

평화를 나타내는 하양

아프리카 대륙의 북대서양에 떠 있는 섬으로 구성된 나라예요. 나라 이름은 포르투갈어로 '초록의 곶'을 의미해요. 어업이 발달했고 참치와 랍스터가 많이 잡혀요.

살섬 산타마리아 해변

라소섬의 라소 종달새

가봉 공화국

Gabonese Republic

수도 리브르빌 **면적** 26만 7,000㎢
인구 약 234만 명 **주요 언어** 프랑스어, 판어
종횡비 3 : 4

원시림을 나타내는 초록

태양과 적도를 나타내는 노랑

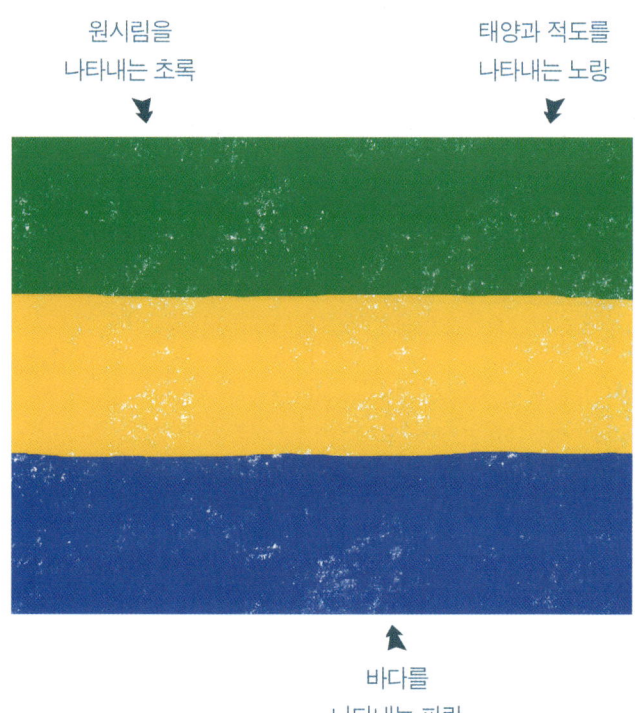

바다를 나타내는 파랑

석유와 망간, 철광석, 목재 등의 광물 자원이 풍부한 나라예요. 다양한 인종과 문화를 지니기도 했어요. 노벨 평화상을 수상한 슈바이처가 수십 년 동안 머물며 의료 활동을 한 나라예요.

전통 악기

서부로랜드고릴라

알면 더 재미있는 국기 이야기

아프리카 제국의 독립과 국기

1960년 전후, 아프리카에서 많은 나라가 독립하면서 새로운 국기도 많이 탄생했어요.

가봉의 국기는 알베르트 슈바이처의 저서 《물과 원시림 사이에서》에서 힌트를 얻어 만든 디자인이에요. 슈바이처는 오랜 세월 가봉에서 의료 활동을 하였고, 1952년에 '노벨 평화상'을 수상했어요. 국기에는 원시림을 나타내는 초록, 태양을 나타내는 노랑, 바다를 나타내는 파랑이 사용되었어요.

카메룬의 국기는 범아프리카 색인 초록·빨강·노랑의 세 가지 색이 세로로 되어 있어요. 그리고 빨강 가운데 노랑 별 하나가 있는 디자인이에요. 이 별은 나라의 통일을 상징하고 있어요.

나이지리아 국기는 초록·하양·초록의 세 가지 색이 세로로 디자인 되어 있어요. 공모에서 뽑힌 것으로 1960년 독립과 함께 제정되었어요. 당시 런던 대학에 유학하고 있던 대학생의 작품이라고 해요.

1960년대 독립한 나라는 모리타니, 세네갈, 코트디부아르, 토고 등 17개국이나 되고, 새로운 나라에 걸맞은 새로운 국기가 제정되었어요.

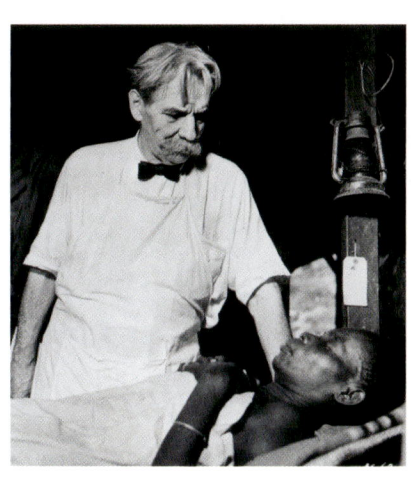

알베르트 슈바이처
국경을 넘어 가봉에서의 의료 활동에 생애를 바쳤어요. 1952년 '노벨 평화상'을 수상했어요.

가봉

카메룬 공화국

Republic of Cameroon

수도 야운데 **면적** 47만 5,650㎢
인구 약 2,719만 명 **주요 언어** 프랑스어, 영어, 각 민족어
종횡비 2 : 3

남부의 삼림 지대와 희망을 나타내는 초록 →

북부의 사바나와 태양을 나타내는 노랑 →

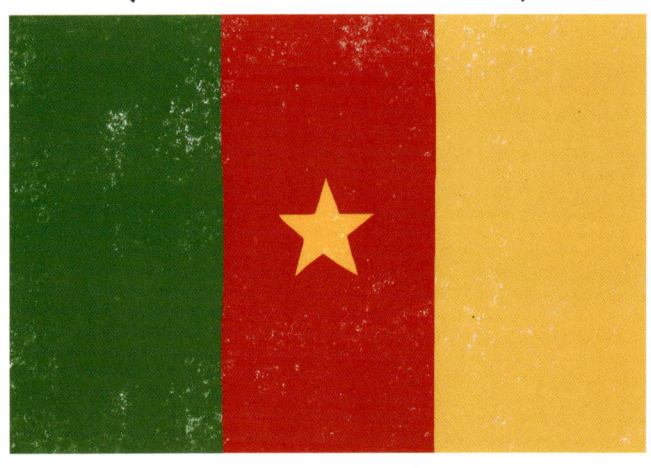

↑ 국민의 통합과 단결을 의미하는 별
↑ 통일을 나타내는 빨강

아프리카 대륙 중부에 위치하고 있어요. 200개 이상의 수많은 민족이 사는 다민족 국가예요. 카카오와 커피가 주요 재배 작물이에요. 세계 유산으로 지정된 드야 동물 보호지역도 유명해요.

조롱박 모자

은돌레는 식물의 잎을 잘게 썰어 피넛 소스에 삶아, 튀긴 바나나 등과 함께 먹어요.

감비아 공화국

Republic of the Gambia

수도 반줄 **면적** 1만 1,295㎢
인구 약 271만 명 **주요 언어** 영어, 월로프어
종횡비 2 : 3

이웃 나라와 우호 관계를 맺는 것과 태양을 나타내는 빨강 →

감비아강을 나타내는 파랑 →

↑ 농업과 국토를 나타내는 초록
↑ 흰 선은 감비아강의 주요 도로와 평화, 순수를 나타내요.

아프리카 대륙 서쪽에 위치한 작은 나라예요. 감비아강을 따라 동서로 길게 퍼져 있어요. 세네갈과 국경을 걸친 세네감비아 지역에는 1,000개가 넘는 돌기둥 기념물이 밀집되어 있어요.

세계유산
세네감비아 환상 열석군

전통 악기
코라

기니 공화국

Republic of Guinea

수도 코나크리 **면적** 24만 6,000㎢
인구 약 1,386만 명 **주요 언어** 프랑스어, 말링케어, 수수어
종횡비 2 : 3

독립운동을 위해 흘린
피를 나타내는 빨강

부와 태양을
나타내는 노랑

삼림과 나뭇잎을
나타내는 초록

아프리카 대륙의 서부에 위치한 나라예요. 기니와 코트디무아르에 걸쳐 있는 님바산의 자연보전 지역에는 밀림과 초원이 펼쳐져 있어요. 진기한 생물이 많이 서식하며 이를 보호하고자 세계유산으로 정해졌어요.

님바산에는 침팬지 등
다양한 동식물이 살고 있어요.

전통 악기
젬베

기니비사우 공화국

Republic of Guinea-Bissau

수도 비사우 **면적** 3만 6,125㎢
인구 약 211만 명 **주요 언어** 포르투갈어
종횡비 1 : 2

포르투갈에서 독립하기 위해서
흘린 피를 나타내는 빨강

부와 빛나는 태양을
나타내는 노랑

검은 별은 국민의 단결과
국가의 통일을 의미해요.

농업과 미래의 번영을
나타내는 초록

국토의 대부분이 낮은 땅으로 습지가 많고 고온 다습한 기후예요. 캐슈너트와 땅콩, 코코아를 재배하고 수출해요. 바다 생물과 새, 파충류 등 다양한 생물이 서식해요.

문화와 역사를 볼 수 있는
큰 축제가 열려요.

아프리카매너티

케냐 공화국

Republic of Kenya

수도 나이로비 **면적** 58만㎢
인구 약 5,092만 명 **주요 언어** 스와힐리어, 영어
종횡비 2 : 3

국민을 나타내는 검정 ▶

자유를 위한 투쟁을 나타내는 빨강 ▶

농업과 천연 자원을 나타내는 초록 ▶

◀ 통일과 평화를 나타내는 하양

◀ 마사이족의 전통 방패와 창은 자유를 수호하는 상징이에요.

40개 이상의 민족이 살고 있으며 문화와 전통을 공유해요. 가장 많은 민족은 키쿠유족이에요. 마사이족은 용맹한 유목민으로도 유명해요. 농업과 목축업에 종사하는 사람이 많고, 커피와 홍차를 많이 수출해요. 마사이마라 국립 보호 구역에는 세계적으로 유명한 야생 동물이 살고 있어요.

마사이마라 국립 보호 구역의 사자와 코끼리

마사이족

코트디부아르 공화국

Republic of Cote d'Ivoire

수도 야무수크로 **면적** 33만 2,463㎢
인구 약 2,748만 명 **주요 언어** 프랑스어, 각 민족어
종횡비 2 : 3

북부 사바나 지대를 나타내는 오렌지색

정의에 입각한 평화를 나타내는 하양

남부의 삼림 지대와 희망을 나타내는 초록

아일랜드 국기는 좌우 색이 반대로 되어 있어요.

아프리카 대륙의 서부에 위치하며 기니만에 닿아 있는 나라예요.
나라 이름인 코트디부아르는 프랑스어로 '상아 해안'을 의미해요.
과거 아프리카코끼리의 상아가 많이 수출되던 항구에서 유래해요.
카카오, 커피, 천연고무 등을 생산하고 수출해요.
수도 야무수크로에는 세계 최대의 가톨릭 대성당이 있어요.

자울리는 공동체의 민속 음악과 춤이에요.

야무수크로의 평화의 성모 대성당

코모로 연방

Union of the Comoros

수도 모로니 **면적** 1,862㎢
인구 약 82만 1,000명 **주요 언어** 프랑스어, 아랍어, 코모로어
종횡비 3 : 5

하얀색 초승달과 별, 초록색은 이슬람교를 상징해요.

4개의 별과 4개 색은 나라를 구성하는 4개의 섬을 나타내요.

노랑은 태양을, 하양은 순결과 자유를, 빨강은 독립을 위해 흘린 피를, 파랑은 인도양을 나타내요.

모잠비크 해협 북부에 위치한 작은 섬나라예요. 가까운 바다에는 약 4억 년부터 존재한 '살아 있는 화석'으로 불리는 실러캔스가 발견됐어요. 바닐라 등 각종 향신료가 나는 것으로 유명해요.

전통 의상

실러캔스

콩고 공화국

Republic of the Congo

수도 브라자빌 **면적** 34만 2,000㎢
인구 약 583만 명 **주요 언어** 프랑스어, 링갈라어
종횡비 2 : 3

희망과 풍부한 삼림 자원을 나타내는 초록

성실, 관대, 금지, 자연의 풍요로움을 나타내는 노랑

자유를 향한 투쟁과 열정을 나타내는 빨강

국토의 대부분을 열대 우림의 콩고 분지가 차지하고 있으며, 목재 수출이 발달했어요. 세계유산 상가 트리내셔널에 인접한 누아발레 은도키 국립공원에서는 귀중한 동식물을 볼 수 있어요.

텔레호에 산다는 전설의 괴물 모켈레 음벰베

잘 차려입고 멋을 낸 사퍼

콩고 민주 공화국
Democratic Republic of Congo

수도 킨샤사 **면적** 234만 4,858㎢
인구 약 1억 226만 명 **주요 언어** 프랑스어, 링갈라어, 스와힐리어, 키콩고어, 씰루바어
종횡비 3 : 4

별은 국가의 결합과 빛나는 미래를 상징해요.

국가의 통일을 위해 흘린 피를 나타내는 빨강

평화와 희망을 나타내는 파랑

광물 자원과 부를 나타내는 노랑

자이르 공화국 시대의 국기 (1971~1997년). 콩고의 옛 이름이에요.

아프리카 대륙의 중앙부에 위치하며 콩고강 유역에 펼쳐진 콩고 분지가 국토의 대부분을 차지하고 있어요. 보노보와 오카피, 동부 로랜드고릴라 같은 희귀한 동물이 살고 있어요. 동, 코발트, 다이아몬드 등의 광물 자원이 풍부한 것으로도 유명해요.

피그미족 중 하나인 음부티족(밤부티족)

오카피

보노보

상투메 프린시페 민주 공화국

Democratic Republic of Sao Tome and Principe

수도 상투메 **면적** 1,001㎢
인구 약 22만 명 **주요 언어** 포르투갈어, 각 민족어
종횡비 1:2

독립을 나타내는 빨강

2개의 검은색 별은 상투메섬과 프린시페섬을 나타내요.

풍부함을 나타내는 노랑

삼림을 나타내는 초록

기니만에 위치한 화산섬 상투메섬과 프린시페섬으로 이루어져 있어요. 정상의 높이가 663m의 화산 봉우리 피코 카오 그란데는 화산암 바위로 유명해요. 섬의 기후와 토양이 좋아 품질 좋은 카카오를 생산해요.

피코 카오 그란데

카카오 수확

잠비아 공화국

Republic of Zambia

수도 루사카 **면적** 75만 2,618㎢
인구 약 1,892만 명 **주요 언어** 영어, 벰바어, 냔자어
종횡비 2:3

천연 자원을 나타내는 초록

독수리는 독립의 자유와 고난을 이겨내는 국민을 의미해요.

빨강은 자유를 위한 투쟁을, 검정은 국민을, 오렌지색은 풍부한 광물 자원을 나타내요.

국토의 대부분을 잠비아 고원이 차지하고, 기후는 온화한 편이에요. 동이 많이 나는 곳으로도 알려져 있어요. 잠베지강에 있는 빅토리아 폭포는 폭이 약 1,700m나 되는 세계 최대급 폭포예요.

모시 오아 툰야 폭포(빅토리아 폭포)는 세계유산으로 아프리카 잠비아와 짐바브웨의 국경에 있어요.

전통적인 가면

시에라리온 공화국

Republic of Sierra Leone

수도 프리타운 **면적** 7만 1,740㎢
인구 약 861만 명 **주요 언어** 영어, 크레올어, 템네어
종횡비 2:3

농업, 천연 자원, 산을 나타내는 초록

통일과 정의를 나타내는 하양

수도 프리타운이 세계 평화에 기여하기를 바라는 마음을 나타내는 파랑

아프리카 대륙의 서부에 위치한 나라예요. 연안부에는 맹그로브 습지대가 우거져 있고, 내륙부에는 고원이 펼쳐져요. 다이아몬드 생산과 커피 재배로 경제 발전을 했어요.

다이아나원숭이

다이아몬드 채굴

지부티 공화국

Republic of Djibouti

수도 지부티 **면적** 2만 3,200㎢
인구 약 111만 명 **주요 언어** 아랍어, 프랑스어
종횡비 2:3

평화와 평등을 나타내는 하양

소말리계의 이사족과 바다를 나타내는 파랑

별은 국민의 통합을 의미해요.

에티오피아계 아파르족과 지구를 나타내는 초록

사막이 많은 나라로 여름에는 50도에 달하는 경우도 있어요. 기온이 상당히 높기 때문에 농업이 어려워요. 세계에서 가장 염분 농도가 높은 염호인 아살 호수에서 채취하는 소금은 세계적으로 유명해요.

국토의 대부분이 사막으로 덮여 있으며 열대성 사막 기후예요.

짐바브웨 공화국

Republic of Zimbabwe

수도 하라레　**면적** 39만㎢
인구 약 1,509만 명　**주요 언어** 영어, 쇼나어, 은데벨레어
종횡비 1 : 2

평화를 나타내는 하양

국가의 통합과 번영을 의미하는 짐바브웨의 새

농업을 나타내는 초록

부와 자원을 나타내는 노랑

국민을 나타내는 검정

독립 투쟁으로 흘린 피를 나타내는 빨강

11~15세기에 걸쳐 문명이 번영했어요. 석조 건축물로 유명한 대 짐바브웨 유적이 있어요. 나라 이름은 쇼나어로 '돌로 된 큰 집'이라는 의미예요. 잠비아와의 국경에는 세계유산 빅토리아 폭포가 있어요.

세계유산
대 짐바브웨 유적

음벤데 제루살레마 춤

수단 공화국

Republic of the Sudan

수도 카르툼　**면적** 186만 1,484㎢
인구 약 4,385만 명　**주요 언어** 아랍어, 영어
종횡비 1 : 2

초록 삼각형을 사용한 디자인은 드물어요.

혁명에 의한 희생자의 피를 나타내는 빨강

평화를 나타내는 하양

아프리카 여러 나라와의 연대를 나타내는 검정

빨강·하양·검정의 삼색에 이슬람교의 색인 초록을 더했어요.

국토를 나일강이 길게 가로지르고 있는 나라예요. 2011년, 기독교도가 많은 남수단은 이슬람계가 많은 수단에서 분리·독립했어요. 접착제의 원료인 아라비아고무의 주요 생산지로 알려져 있어요.

메로에섬의 고고 유적지

아라비아고무나무

알면 더 재미있는 국기 이야기

국기에 그려진 세계유산

세계 각국의 국기 중에는, 나라의 상징적인 존재가 된 건물이나 산 등의 문장이 들어간 국기가 있어요. 그중에는 유네스코 세계유산에 등재된 것도 있어요.

캄보디아

앙코르와트 석조 사원이 그려져 있어요.

유적 이름 | 앙코르와트

레바논

예로부터 배 등의 건재로 사용되어 나라의 번영을 이끌어 온 백향목이 그려져 있어요.

유적 이름 | 콰디샤 계곡과 백향목 숲

산마리노

산마리노의 티타노산이 그려져 있어요.

유적 이름 | 산마리노 역사 지구와 티타노산

짐바브웨

짐바브웨 유적에 있는 '짐바브웨의 새'라고 불리는 조각상이 그려져 있어요.

유적 이름 | 대 짐바브웨 유적

세인트루시아

바다에서 우뚝 솟은 2개의 화산 봉우리 피톤즈가 그려져 있어요.

유적 이름 | 피통스 관리 지역

에콰도르

적도 근처에 있음에도 불구하고, 눈이 덮여 있는 침보라소산과 과야스강이 그려져 있어요.

유적 이름 | 상가이 국립공원

볼리비아

은광석이 채굴되던 포토시산과 광산의 입구가 그려져 있어요.

유적 이름 | 포토시 광산 도시

우간다

브윈디 천연 국립공원에 살고 있는 잿빛왕관두루미가 그려져 있어요.

유적 이름 | 브윈디 천연 국립공원

세이셸 공화국

Republic of Seychelles

수도 빅토리아　면적 455.3㎢
인구 약 9만 9,202명　주요 언어 크리올어, 영어, 프랑스어
종횡비 1:2

바다와 하늘을 나타내는 파랑
태양을 나타내는 노랑
국민의 미래를 향한 단결과 결의를 나타내는 빨강

사회 정의와 조화를 나타내는 하양
풍부한 자연을 나타내는 초록
모든 색이 오른쪽 사선으로 퍼져 있는 것은 미래를 향한 역동성을 의미해요.

　인도양에 떠 있는 약 100개의 섬으로 이루어진 나라예요. 아름다운 해변이 펼쳐져 있어 '인도양의 진주'라고도 불려요. 알다브라 환초는 산호초로 둘러싸여 있어요. 세계 최대의 코끼리거북 서식지예요.

코코 드 메르는 야자수의 한 종류예요.

알다브라 환초의 코끼리거북

적도기니 공화국

Republic of Equatorial Guinea

수도 말라보　면적 2만 8,051㎢
인구 약 163만 명　주요 언어 스페인어, 프랑스어, 포르투갈어
종횡비 2:3

파랑은 바다를, 초록은 천연 자원을, 하양은 평화를, 빨강은 독립을 위한 투쟁을 나타내요.

문장에는 본토와 5개의 큰 섬을 나타내는 노란 육각별, 그리고 판야나무가 그려져 있어요.

　적도 근처에 위치한 나라로 고온 다습한 열대 기후를 갖고 있어요. 비오코섬의 중심 도시는 수도 말라보예요. 3,008m나 되는 최고봉 산도 있어요. 해저 유전도 있어서 석유가 많이 나요.

전통 춤

맨드릴개코원숭이

세네갈 공화국

Republic of Senegal

수도 다카르 **면적** 19만 6,712㎢
인구 약 1,732만 명 **주요 언어** 프랑스어, 월로프어, 풀라어
종횡비 2:3

이슬람교와 희망, 농업을 나타내는 초록

부를 나타내는 노랑

초록 별은 세네갈을 말리 연방에서 독립시킨 것에서 유래해요.

독립을 위한 희생과 용기를 나타내는 빨강

말리 공화국의 국기. 초록·노랑·빨강의 세로 삼색은 같아요.

아프리카 대륙에서 가장 서쪽에 위치한 나라예요. 농업이 발달했고 주요 작물로는 땅콩이 나요. 주지 국립 조류 보호 구역에는 많은 철새가 도래해요. 새들에게는 최적의 서식지예요. 세네갈은 1960년, 지금의 말리 공화국과 함께 말리 연방이라는 이름으로 독립했어요. 두 달 후에는 연방에서 분리·독립하여 세네갈 공화국이 되었어요.

주지 국립 조류 보호 구역의 분홍펠리컨

핑크빛 레트바 호수(라끄 로즈)는 염분 농도가 해수의 약 10배로 소금을 채취할 수 있어요.

바이팔 신도

소말리아 연방 공화국

Federal Republic of Somalia

수도 모가디슈 **면적** 63만 7,657㎢
인구 약 1,561만 명 **주요 언어** 소말리아어, 아랍어, 영어, 이탈리아어
종횡비 2 : 3

오각별의 모서리는 5개 지방과 그 단결을 의미해요.

국제 연합 기의 색과 같은 밝은 파랑이에요.

민족과 국가의 평화와 번영을 의미하는 흰색 별

소말리아의 독립을 지원해 준 국제 연합에 감사의 뜻을 담고 있어요.

남부 지역이 적도에 위치한 더운 나라예요. 아프리카 북동부의 돌출된 지형이 코뿔소 뿔과 닮아서 '아프리카의 뿔'이라고 불려요. 소말리아도 여기에 위치해요. 유목민이 많고 양과 낙타 등을 기르는 목축이 발달했어요. 고양잇과 동물인 귀 끝이 검고 뾰족한 카라칼이 사는 곳으로도 유명해요.

소말리당나귀

아비시니안부엉이

카라칼

탄자니아 합중국

United Republic of Tanzania

수도 다르에스살람(경제·행정 수도), 도도마(정치 수도) **면적** 94만 5,087㎢
인구 약 5,973만 명 **주요 언어** 스와힐리어, 영어
종횡비 2 : 3

국토와 농업을 나타내는 초록

인도양을 나타내는 파랑

광물 자원을 나타내는 노랑

국민을 나타내는 검정

탄자니아 국기는 두 나라의 국기를 합한 듯한 디자인이에요.

탕가니카(1961~1962년), 탕가니카 공화국 (1962~1964년). 검정 양쪽에 노랑 테두리가 있는 초록·검정·초록의 국기예요.

잔지바르 인민 공화국의 국기(1964년). 파랑·검정·초록의 가로 삼색기로 깃대 쪽에 흰 선이 있어요.

잔지바르 술탄국의 국기 (1963~1964년). 향신료 정향이 그려져 있어요.

탄자니아의 본토인 탕가니카와 인도양에 떠 있는 작은 섬 잔지바르가 1964년에 합병하여 만들어진 나라예요. 정향(클로브), 바닐라, 후추 등 향신료의 산지로 유명해요. 아프리카 대륙에서 가장 높은 5,895m의 킬리만자로산과 5,199m의 케냐산이 유명해요. 아프리카에서 가장 큰 빅토리아 호수는 케냐, 우간다, 탄자니아에 걸쳐 있어요.

마사이족의 전통 점핑 댄스

세계유산 킬리만자로 국립공원

※수도는 법으로는 도도마이지만 사실상 다르에스살람.

차드 공화국

Republic of Chad

수도 은자메나 **면적** 128만 4,000㎢
인구 약 1,717만 명 **주요 언어** 프랑스어, 아랍어
종횡비 2 : 3

| 푸른 하늘과 희망을 나타내는 파랑 | 태양과 사막, 지하 자원을 나타내는 노랑 | 단결과 발전, 희생을 나타내는 빨강 |

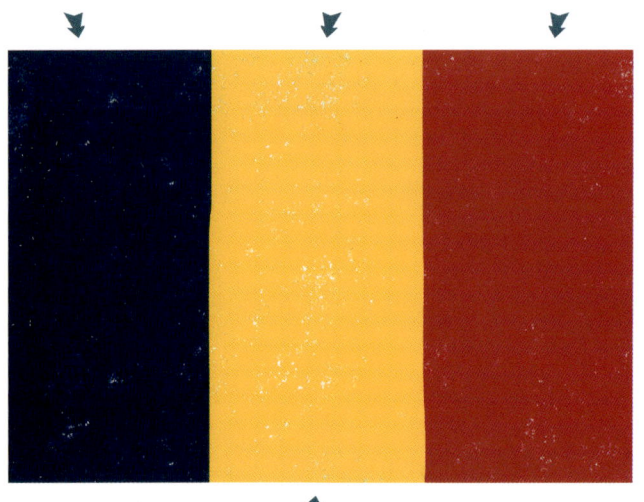

차드는 과거 프랑스령으로 국기의 영향을 받았어요. 가운데 범아프리카 색 노랑이 들어갔어요.

남서부에 차드 호수가 있으며, '큰 물'이라는 뜻으로 나라 이름도 이 호수에서 유래해요. 북동부 엔네디 산괴에 있는 구엘타 다르쉐 호수는 나일악어의 서식지로 알려져 있어요.

워다베족

구엘타 다르쉐에 사는 악어

중앙아프리카 공화국

Central African Republic

수도 방기 **면적** 62만 2,984㎢
인구 약 545만 명 **주요 언어** 프랑스어, 상고어
종횡비 2 : 3

| 자유와 독립을 상징하는 별 | 프랑스 국기의 삼색과 범아프리카 색을 합한 디자인이에요. |

초록은 희망, 농업, 부를 노랑은 관용과 지하 자원을 나타내요.

파랑은 프랑스와의 우호와 희망을, 빨강은 애국심을, 하양은 순수함과 이상을 나타내요.

아프리카 대륙 중앙부에 위치하며 국토의 대부분이 고원 지대예요. 커피와 목화 재배가 발달했어요. 키가 작은 특징을 가진 민족이 살며 수렵과 채집 생활을 해요.

아프리카코끼리

피그미족은 유독 키가 작은 민족들을 칭하는 말이에요.

튀니지 공화국

Republic of Tunisia

수도 튀니스 **면적** 16만 2,155㎢
인구 약 1,220만 명 **주요 언어** 아랍어, 프랑스어
종횡비 2 : 3

지배를 받았던 오스만 제국의 깃발에서 유래해요.

초승달과 별은 이슬람교의 상징이에요.

지중해에 닿아 있는 나라예요. 특산물인 올리브와 세계유산인 카르타고 고고 유적이 유명해요. 파랑색과 흰색의 건물로 마을을 꾸민 시디 부 사이드는 관광 도시예요. 높은 지대에 위치하며 통일된 거리가 특징이에요.

시디 부 사이드

사하라 축제

토고 공화국

Republic of Togo

수도 로메 **면적** 5만 6,785㎢
인구 약 864만 명 **주요 언어** 프랑스어, 에웨어, 카비예어
종횡비 $2 : \sqrt{5}+1$

단결과 순결을 나타내는 하양 / 박애, 충성심, 사랑을 나타내는 빨강 / 희망과 농업을 나타내는 초록

도덕 정신과 나라의 발전을 나타내는 노랑 / 세계에서 유일하게 종횡비가 황금비로 정해져 있어요.

기니만에 닿아 있고 남북으로 긴 나라예요. 약 40개의 민족이 살아요. 북동부의 코마타코, 바타마리바 지역은 세계유산이에요. 진흙으로 만든 바타마리바족의 전통 가옥 타키엔타를 볼 수 있어요.

타키엔타는 탑 모양의 전통 집이에요.

전통 축제

나이지리아 연방 공화국

Federal Republic of Nigeria

수도 아부자 **면적** 92만 3,768㎢
인구 약 2억 1,854만 명 **주요 언어** 영어, 각 민족어
종횡비 1:2

삼림 자원, 농지, 농작물을 나타내는 초록

평화와 화합을 나타내는 하양

비아프라 공화국의 국기(1967~1970년) 중앙에는 일출이 그려져 있어요. 이보족이 중심이 되어 나이지리아 남동부에 건설했지만, 내전으로 붕괴되었어요.

200개 이상의 크고 작은 민족이 모여 살며 아프리카에서 가장 인구가 많은 나라예요. 공용어는 영어지만 그 외에도 많은 언어가 사용되고 있어요. 아프리카 최대의 산유국으로 석유와 천연가스가 많이 나요. 밀크티에 들어가는 타피오카의 원료가 되는 카사바의 산지예요. 전통 방식의 독특한 모양이 있는 인디고 염색이 유명해요.

천연 염색인 인디고 염색

아르군구 국제 낚시 문화 축제

토킹 드럼은 모래시계 모양의 타악기예요.

나미비아 공화국

Republic of Namibia

수도 빈트후크 면적 82만 4,269㎢
인구 약 250만 명 주요 언어 영어, 아프리칸스어
종횡비 1 : 2

국민의 생명과 힘을 나타내는 노랑
태양은 독립의 기쁨과 광물 자원을 의미해요.
하늘과 대서양을 나타내는 파랑

나라의 자산인 국민을 나타내는 빨강
평화와 단결을 나타내는 하양
풍부한 삼림 자원을 나타내는 초록

대서양 연안에 펼쳐진 나미브 사막은 세계에서 가장 오래된 사막으로 불러요. 기후가 건조해 기린과 타조 등 다양한 동식물이 서식하고 있어요. 목축과 어업이 발달했어요. 다이아몬드와 우라늄 등 광물 자원이 풍부해요.

머리 모양이 독특한 힘바족

나미브 사막에 사는 사막코끼리

니제르 공화국

Republic of Niger

수도 니아메 면적 126만 7,000㎢
인구 약 2,526만 명 주요 언어 프랑스어, 하우사어
종횡비 6 : 7

오렌지색은 독립 혁명을, 하양은 평화를, 초록은 번영을 나타내요.

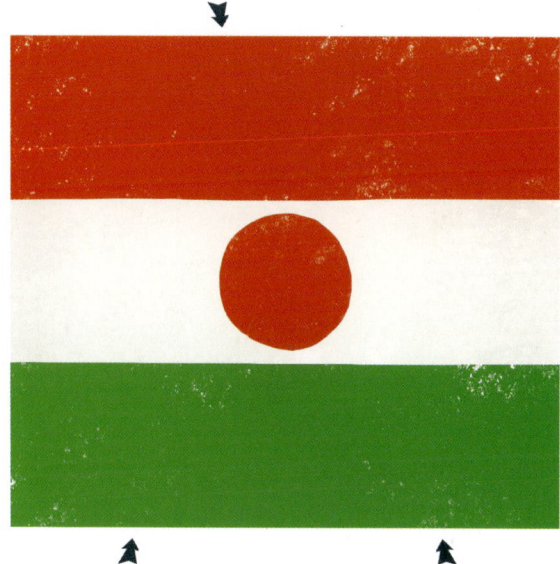

가운데 오렌지색은 태양과 독립을 의미해요.
오렌지색의 태양은 이 국기뿐이에요.

사하라 사막의 중앙에 위치한 내륙 국가예요. 남서부에는 나라 이름의 유래가 된 나이저강이 흐르며 '큰 하천'이라는 뜻이에요. 높이 27m의 미너렛 첨탑이 있는 그랜드 모스크가 유명해요.

세계유산인 아가데즈 역사 중심지. 흙 벽돌로 쌓은 미너렛 첨탑이에요.

대형 초식 공룡 요바리아(조바리아) 화석

부르키나파소

Burkina Faso

수도 와가두구 면적 27만 4,200㎢
인구 약 2,210만 명 주요 언어 프랑스어, 모시어
종횡비 2 : 3

혁명을
나타내는 빨강

노랑 오각별은 희망과
풍부한 지하 자원을 의미해요.

농업과 삼림을
나타내는 초록

나라 이름을 풀이하면 '청렴결백한 사람들의 나라'라는 뜻이에요. 조롱박과 나무로 만든 민속 악기 목금 발라폰은 채로 쳐서 연주해요. 카세나족의 기하학 모양이 그려진 집도 유명해요.

카세나족의 집.
흙과 나무 등으로 집을 짓고
벽화를 그려요.

민속 악기 발라폰

부룬디 공화국

Republic of Burundi

수도 기테가 면적 2만 7,834㎢
인구 약 1,225만 명 주요 언어 프랑스어, 키룬디어
종횡비 3 : 5

3개의 육각별은 통일, 노동, 진보를 의미해요.
후투족, 투시족, 트와족의 3개 부족을 나타내요.

희망과 발전을
나타내는 초록

독립과 혁명을 위해 흘린
피를 나타내는 빨강

평화와 순결을
나타내는 하양

적도에 가까운 나라지만 국토의 대부분이 높이 1,500m 이상의 고원에 위치해 비교적 선선해요. 강과 연못이 있는 국립공원에는 많은 물새가 모이고, 하마도 살고 있어요.

하마

문화유산인
왕실 북의 의식 춤.
북 연주와 함께 춤을 추는
전통 예술이에요.

베냉 공화국

Republic of Benin

수도 포르토노보 **면적** 11만 2,622㎢
인구 약 1,300만 명 **주요 언어** 프랑스어, 각 민족어
종횡비 2 : 3

희망과 부활을 나타내는 초록

나라가 부유해지기를 바라는 바람을 나타내는 노랑

조상의 용기를 나타내는 빨강

베냉 인민 공화국 시대의 국기 (1975~1990년). 사회주의 정권 때의 디자인이에요. 1990년에 베냉 공화국이 성립되었을 때, 독립 당시의 디자인으로 되돌아갔어요.

1960년 프랑스로부터 독립했을 때의 나라 이름은 '다호메이'였어요. 1975년에 '베냉'으로 바뀌었어요. 남부의 도시, 아보메이에는 17~19세기에 번성한 왕국의 유적이 남아 있어요. 농업이 성하여 목화와 땅콩 등 농산물 생산이 주를 이루어요. 비누의 원료와 튀김용으로 사용되는 팜유를 생산해요.

수상 마을 간비에는 '아프리카의 베네치아'라고도 불려요.

세계유산 아보메 왕궁

국제 부두 축제는 우이다에서 열리는 세계적인 축제로 부두교의 문화와 전통을 기념해요.

보츠와나 공화국

Republic of Botswana

수도 가보로네 **면적** 58만 1,730㎢
인구 약 240만 명 **주요 언어** 영어, 츠와나어
종횡비 5 : 8

활짝 갠 하늘과 귀중한 물, 특히 비를 나타내는 파랑

검정과 하양 띠는 인종의 단결과 화합을 의미해요.

국가 동물인 얼룩말 줄무늬에서 유래해요. 국장에는 얼룩말이 그려져 있어요.

국토의 대부분이 칼라하리 사막과 열대 초원 사바나로 덮여 있어요. 다이아몬드 거대 광맥이 있어요. 세계 최대의 오카방고 내륙 델타가 유명해요. 델타는 강물이 운반해 온 모래와 진흙으로 만들어진 넓고 편평한 삼각주 지대예요. 치타, 코뿔소, 사자 등 대형 포유류의 서식지이기도 해요.

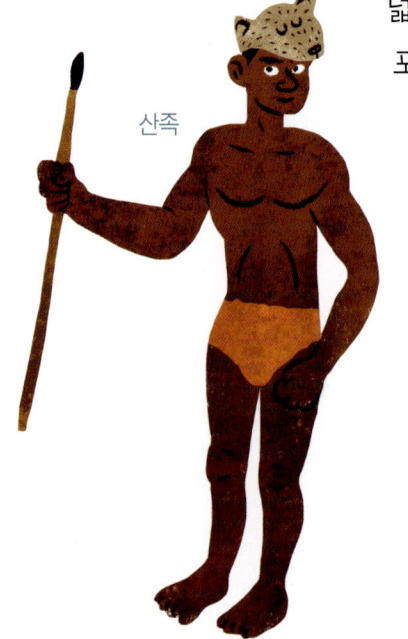

산족

전통 공예품인 보츠와나 바스켓

오카방고 델타는 내륙에서 발달한 삼각주예요.

마다가스카르 공화국

Republic of Madagascar

수도 안타나나리보 **면적** 58만 7,041㎢
인구 약 2,892만 명 **주요 언어** 마다가스카르어, 프랑스어
종횡비 2 : 3

하양과 빨강은 최대 민족인 메리나족의 전통 색이에요.

하양은 자유를, 빨강은 애국을, 초록은 진보를 나타내요.

초록은 베치미사라카족의 색이에요.

섬나라로 대륙에서 다른 동물이 들어오거나 나가기 어려운 환경이에요. 때문에 희귀한 동물이 많이 사는 신비의 섬이에요. 앞발의 발가락이 뾰족하고 긴 마다가스카르 손가락원숭이라고 불리는 아이아이 원숭이와 지면을 깡충깡충 뛰며 이동하는 베록스시파카 등이 있어요. 또 카멜레온은 70종 이상이나 있다고 해요.

바오밥나무

베록스시파카

사카라바족

말라위 공화국

Republic of Malawi

수도 릴롱궤 **면적** 11만 8,484㎢
인구 약 1,965만 명 **주요 언어** 영어, 체와어
종횡비 2 : 3

아프리카 대륙의 희망을 의미하는 태양 ▶

아프리카인을 나타내는 검정 ▶

자유와 독립을 위해 흘린 피를 나타내는 빨강 ▶

2010~2012년까지 사용된 국기예요. 색의 순서가 다르고 태양이 하얀색이에요. 현재의 국기는 2012년 5월 이후 1964년 독립할 때 제정되었던 국기를 다시 사용하고 있어요.

◀ 푸른 자연을 나타내는 초록

아프리카 대륙 남부에 위치한 나라로 '아프리카의 따뜻한 심장'이라 불리기도 해요. 어업이 발달하고 교통이 편리해요. 말라위 호수를 따라 남북으로 가늘고 길게 뻗어 있어요. 말라위 호수는 국토의 4분의 1을 차지할 정도로 크고, 시클리드 등 희귀한 물고기가 많이 살아요.

체와족의 전통 종교 의식 구레 왐쿠루

말라위 호수 국립공원에는 약 800종의 시클리드가 서식하고 있어요.

주식인 은사마는 옥수수 가루로 만들어요.

말리 공화국

Republic of Mali

수도 바마코 **면적** 124만 192㎢
인구 약 2,259만 명 **주요 언어** 프랑스어, 밤바라어
종횡비 2 : 3

자연과 농업을 나타내는 초록 ▶

순결과 천연 자원을 나타내는 노랑 ▶

독립을 위한 투쟁, 용기, 흘린 피를 나타내는 빨강 ▶

말리 연방 시대의 국기(1959~1960년). 현재의 국기는 이 디자인에서 흑인상이 없는 모양이에요.

세네갈 국기. 말리 연방에 있던 흑인상이 초록색 별로 바뀐 디자인이에요.

국토의 대부분이 사하라 사막에 속하며, 남쪽의 나이저강 유역에서 거주해요. 농업과 금 수출로 경제가 발전했어요. 교역의 중심지였던 젠네에는 진흙으로 만든 거대한 모스크가 있어요. 1960년 6월, 말리는 세네갈과 말리 연방을 결성하여 프랑스로부터 독립했어요. 그해 8월, 세네갈이 분리·독립해서 나라 이름을 말리 공화국이라고 지정했어요.

세계유산인 젠네의 옛 시가지

도곤족 가면을 쓰고 추는 전통 춤이에요.

남아프리카 공화국

Republic of South Africa

수도 프리토리아(행정 수도), 케이프타운(입법 수도), 블룸폰테인(사법 수도) **면적** 122만 km²
인구 약 6,060만 명 **주요 언어** 영어, 아프리칸스어, 줄루어, 츠와나어
종횡비 2 : 3

- 백인과 평화를 나타내는 하양 ▶
- 흑인과 아프리카를 나타내는 검정 ▶
- 광물 자원을 나타내는 노랑 ▶
- 농업을 나타내는 초록 ▶

- ◀ 독립과 평등을 위한 투쟁에서 흘린 피를 나타내는 빨강
- ◀ 남수단 공화국과 더불어 세계에서 가장 많은 색을 사용한 국기예요. 당시의 대통령 넬슨 만델라가 피부색이 다른 사람들이 공존하는 '무지개 나라'를 지향해서 '무지개 국기'라고도 불려요.
- ◀ 남아프리카의 하늘과 바다를 나타내는 파랑

아프리카 대륙의 최남단에 위치한 나라예요. 1910년에 영국 자치령으로 남아프리카 연방이 성립한 이래, 백인 정권에 의한 인종 차별 정책 '아파르트헤이트'가 계속되었어요. 넬슨 만델라에 의한 인종 차별 반대 운동이 열매를 맺어, 1996년 모든 사람이 평등하다는 헌법이 채택되었어요.

은데벨레족

시그널 힐에 있는 형형색색의 보캅 마을이에요.

자카스펭귄(케이프펭귄)
케이프타운에서 서식해요.

남수단 공화국

Republic of South Sudan

수도 주바 **면적** 64만 4,329㎢
인구 약 1,150만 명 **주요 언어** 영어, 아랍어
종횡비 1 : 2

- 나일강을 나타내는 파랑
- 노랑(금색) 별은 '베들레헴의 별'로 단결을 의미해요.
- 남아프리카 공화국과 더불어 색의 수가 많은 국기예요.
- 흑인을 나타내는 검정
- 평화를 나타내는 하양
- 자유를 위해 흘린 피를 나타내는 빨강
- 국토를 나타내는 초록

2011년 이슬람교도가 많은 수단 공화국에서 기독교도가 많은 남부 수단이 분리·독립해서 만들어진 새로운 나라예요. 남북에 백나일강이 흐르고, 그 유역에는 수드라고 불리는 아프리카 최대 규모의 습지가 펼쳐져요. 석유가 많이 나고 목재, 철, 구리 등의 자원이 풍부하며 수출량도 많아요.

백나일강 유역에 펼쳐진 수드 습지

딩카족

모리셔스 공화국

Republic of Mauritius

수도 포트루이스 **면적** 2,040㎢
인구 약 130만 명 **주요 언어** 영어, 크레올어, 프랑스어
종횡비 2 : 3

빨강은 독립 투쟁에서 흘린 피를, 파랑은 인도양을,
노랑은 태양과 빛나는 미래를, 초록은 농업과 국토를 나타내요.

4개의 색은 국민을 이루는 인도인, 유럽인, 아프리카인,
중국인을 나타내요. 다민족 국가의 협력과 번영을 의미해요.

인도양의 마다가스카르섬 동쪽에 위치하는 섬나라예요. 모리셔스섬과 로드리게스섬 등으로 이루어졌어요. 멸종된 도도새의 서식지로 유명해요. 특산품으로 설탕과 럼이 있고, 관광업이 발달했어요.

도도새

전통 춤
세가 티픽은 공동를 상징하는
생동감 있는 춤이에요.

모리타니 이슬람 공화국

Islamic Republic of Mauritania

수도 누악쇼트 **면적** 103만 700㎢
인구 약 443만 명 **주요 언어** 아랍어, 프랑스어, 아프리카어
종횡비 2 : 3

노랑은 사하라 사막의 모래를 나타내요.
초록색은 사막이 풀과 나무가 자라는 들판으로
바뀌었으면 하는 바람과 이슬람교를 의미해요.

초승달과 별은
이슬람교를 상징해요.

위아래 빨강 띠는 독립을
위해 흘린 피를 나타내요.

아프리카 대륙의 서쪽 끝에 위치하며 대서양과 닿아 있어요. 국토의 대부분이 사하라 사막에 덮여 있어요. 수도 누악쇼트는 사막과 대서양 연안의 중간에 위치해 휴양지로 인기가 많아요. 어업이 큰 비중을 차지하며 수출도 하고 있어요.

전통 의상

항아리 문어 잡이

모잠비크 공화국

Republic of Mozambique

수도 마푸투 **면적** 79만 9,380㎢
인구 약 3,006만 명 **주요 언어** 포르투갈어, 스와힐리어
종횡비 2:3

모잠비크 인민 공화국 시대의 국기 (1975~1983년)

- 독립을 위한 투쟁을 나타내는 빨강
- 문장의 총은 병사(국방)를, 괭이는 농민(농업)을, 책은 지식 계급(교육)을 의미해요.
- 별은 마르크스주의와 국제주의 연대를 의미해요.
- 농업을 나타내는 초록
- 아프리카 대륙과 국민의 연대를 나타내는 검정
- 평화를 나타내는 하양
- 풍부한 광물 자원을 나타내는 노랑

아프리카 대륙의 남동부에 위치하며 인도양에 닿아 있어요. 1498년에는 인도 항로를 발견한 바스코 다 가마가 세계유산 모잠비크섬을 경유했어요. 국토가 길고 기후가 다양해 농업이 발달했어요. 캐슈너트, 옥수수, 목화 등의 작물이 재배되고 있어요.

전통 악기 초피 팀빌라

모잠비크섬의 유산은 가장 오래된 생 세바스티앙 요새예요.

코코넛밀크, 땅콩, 새우로 만든 부드러운 카레예요.

모로코 왕국

Kingdom of Morocco

수도 라바트 **면적** 71만 850㎢
인구 약 3,667만 명 **주요 언어** 아랍어, 베르베르어, 프랑스어
종횡비 2 : 3

빨강 바탕에 '솔로몬의 별(술레이만)'이라고 부르는 초록 오각별이 그려져 있어요.

초록은 이슬람교를 상징하는 색이이에요. 오각별은 이슬람의 다섯 기둥을 의미해요.

알라위 왕조가 시작된 17세기 무렵에는 빨강 한 가지 색의 국기였어요. 다른 많은 빨강 깃발과 구별하기 위해서 별이 더해졌어요.

아프리카 대륙의 북서부에 위치하며 북은 지중해로 서는 대서양에 닿아 있는 나라예요. 희귀한 아르간나무가 자라고 피부에 좋은 오일을 생산해요. 전통 원뿔 모양의 뚜껑이 있는 타진 냄비로 만드는 요리도 유명해요. 세계유산인 페스의 메디나는 '세계 제일의 미궁 도시'라 불리며, 가죽 제품과 도기 등의 공예품을 팔고 있어요.

푸른 도시 쉐프샤오웬

염소가 아르간나무의 열매를 먹기 위해 오른 광경 때문에 '염소가 열리는 나무'로 불러요.

타진 냄비

리비아

Libya

수도 트리폴리 **면적** 175만 9,540㎢
인구 약 678만 명 **주요 언어** 아랍어
종횡비 1 : 2

- 빨강·검정·초록은 리비아를 구성하는 3개의 지역을 나타내요.
- 리비아 사람들의 피를 나타내는 빨강
- 이슬람교를 상징하는 초승달과 별

- 검은 바탕에 하얀 초승달은 키레나이카의 국기에서 유래해요.
- 자유와 새로운 시작을 나타내는 초록

아프리카 대륙 북부에 위치하며 국토의 대부분이 사막으로 덮여 있어요. 하얗고 아름다운 전통 가옥이 남아 있는 가다메스는 세계유산이에요. 유목민 투아레그족이 이룩한 오아시스 도시로 '사막의 진주'라고 불려요.

전통 의상

세계유산
가다메스 옛 시가지

라이베리아 공화국

Republic of Liberia

수도 몬로비아 **면적** 11만 3,370㎢
인구 약 530만 명 **주요 언어** 영어, 각 민족어
종횡비 10 : 19

- 흰 별은 독립 당시 아프리카에서 유일한 독립 흑인 국가였던 것을 의미해요.
- 빨강과 하양 11개의 가로선은 독립 선언서에 서명한 인원수예요.

- 자유, 정의, 우호를 나타내는 파랑
- 순결, 청결, 정직을 나타내는 하양
- 강한 의지, 용기, 열정을 나타내는 빨강

근대 아프리카에서 최초로 독립한 흑인들의 국가예요. 나라 이름은 '자유의 나라'라는 뜻으로 미국에서 해방된 흑인 노예의 일부가 이 땅으로 이주되면서 1847년에 건국되었어요.

사포 국립공원에는 피그미하마가 살고 있어요.

'춤추는 악마'라고 불리는 사람들. 라이베리아 민족이 믿는 신이나 악마의 모습을 나타낸다고 해요.

르완다 공화국

Republic of Rwanda

수도 키갈리 **면적** 2만 6,338㎢
인구 약 1,324만 명 **주요 언어** 프랑스어, 키냐르완다어, 영어
종횡비 2 : 3

파랑은 하늘과 행복, 평화를 나타내요.
태양은 사람들을 화합하고 깨우치는 희망의 빛을 의미해요.

경제 발전과 번영을 나타내는 노랑

풍부한 자원을 나타내는 초록

국토의 대부분이 고원 지대예요. 1990년부터 1994년에 걸쳐 투치족과 후투족의 대립이 이어져, 내전으로 많은 사람이 죽었어요. 2001년에 피를 나타내는 빨강색이 들어간 국기를 폐지하고, 파랑·노랑·초록으로 이루어진 국기를 채택했어요.

인토레는 창, 방패, 활 등을 이용한 전통 춤이에요.

뚜껑이 달린 아가세케 바구니 국장에도 그려져 있어요.

레소토 왕국

Kingdom of Lesotho

수도 마세루 **면적** 3만 355㎢
인구 약 230만 명 **주요 언어** 영어, 소토어
종횡비 2 : 3

검정색의 레소토 모자 '모코로틀로'는 전통 문화와 민족을 의미해요.

하늘과 비를 나타내는 파랑

평화를 나타내는 하양

국토와 번영을 나타내는 초록

남아프리카 공화국의 대륙에 둘러싸인 작은 나라예요. 국토 대부분이 고원 지대에 속해 있어요. 옥수수와 콩 등을 기르며 살아요. 양과 염소 등 목축이 중요한 경제 활동이에요.

전통 의상으로 몸에 두르는 담요가 있어요.

낙차가 192m나 되는 말레추냐네 폭포

북·중앙 아메리카

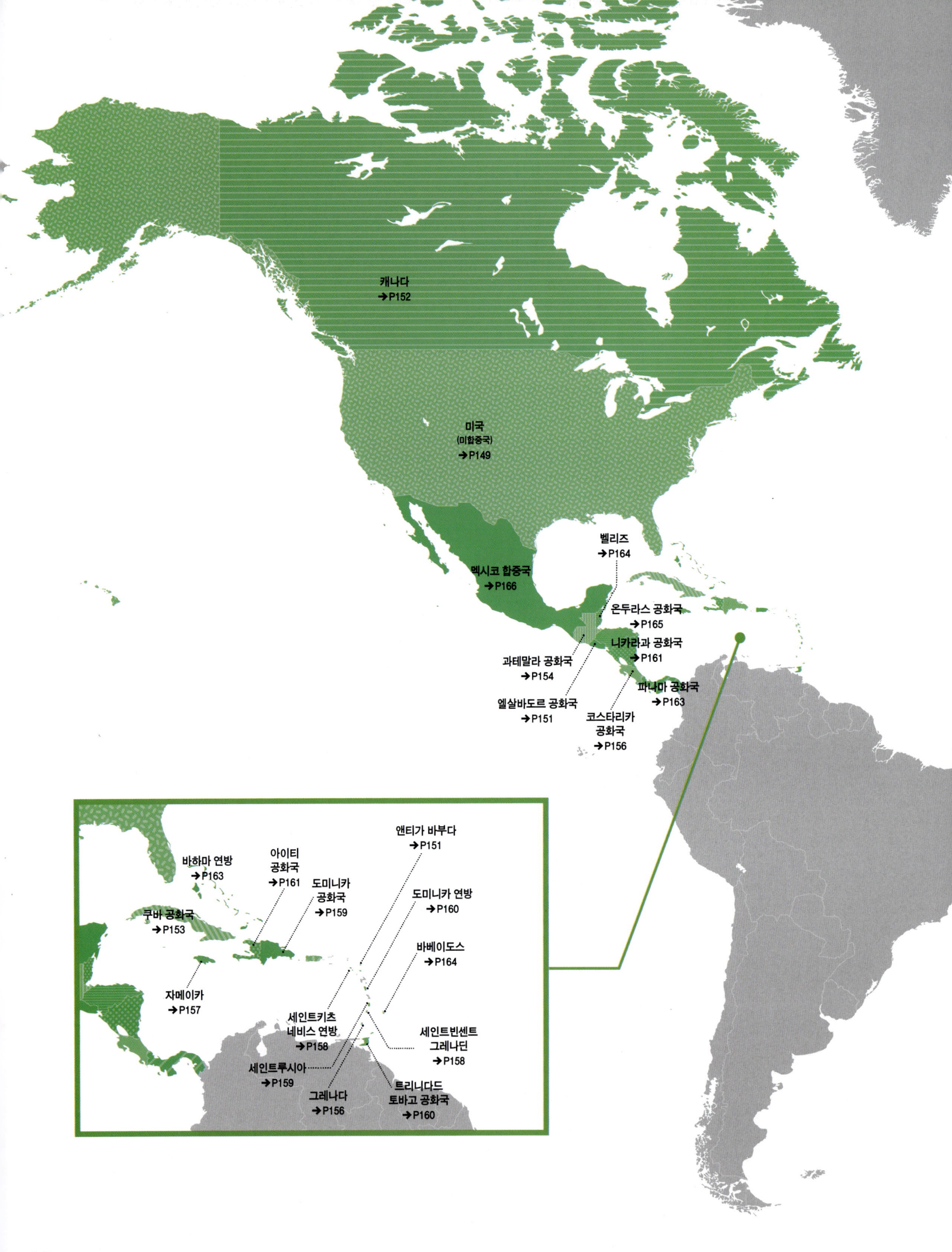

미국 (미합중국)

The United States of America

수도 워싱턴 D.C. **면적** 983만㎢
인구 약 3억 3,329만 명 **주요 언어** 영어, 스페인어
종횡비 10 : 19

'성조기'라고 불려요. 별의 수는 나라를 구성하는 주의 수예요. 새로운 주가 생기면 별의 수도 추가돼요. 알래스카와 하와이가 포함되면서 50개가 되었어요. 국기는 지금까지 26번 변경되었어요.

13개의 붉고 흰 줄무늬는 나라가 독립했을 당시의 주의 수를 나타내요.

북아메리카 대륙의 중앙부에 위치해요. 알래스카주와 하와이주를 포함한 50개 주와 어느 주에도 속하지 않는 워싱턴 D.C. 독립 행정 구역으로 이루어졌어요. 군대, 정치, 경제 등의 분야에서 국제적으로 커다란 영향력을 갖고 있어요. IT산업과 농업이 발달했어요. 미식축구와 농구, 야구 등의 스포츠도 인기가 많아요.

뉴욕 랜드마크 자유의 여신상

햄버거

야구

농구

알면 더 재미있는 국기 이야기

성조기 별의 개수

성조기는 미국의 국기예요. 성조기에 있는 별의 개수는 미국 주의 개수를 나타내요. 때문에 주의 수가 늘면 국기에 있는 별의 수도 늘어요. 성조기는 지금까지 26번 변경됐어요. 현재의 국기는 스물일곱 번째로 가장 오래 사용한 성조기예요.

1853년 미국 해군인 매튜 페리가 이끄는 검은 배가 일본의 우라가 앞바다에 왔을 때, 성조기의 별의 수는 31개였어요. 일본이 미국 등 연합국과 싸웠던 태평양 전쟁(1941~1945년) 때, 성조기의 별의 수는 48개였어요.

별 49개의 성조기는 1959년 알래스카 주를 반영한 것이에요. 같은 해 8월 하와이도 주가 되면서 1960년 7월 4일부터 50개 별이 되어 현재의 국기에 이르렀어요.

미국에서는 앞으로 주가 늘어났을 때를 대비해서, 별의 수를 늘린 '성조기' 디자인이 이미 준비되어 있다고 해요.

또 미국의 새 대통령이 취임식에서 성서에 손을 대며 선서할 때, 배후에는 1776년 독립했을 당시의 13성 국기(1777년 채택)와 현재의 국기가 걸려요. 이것은 건국부터의 역사와 건국 정신을 상기시키기 위해서예요.

미국의 국기(13성·31성·48성·49성·50성)

(1777~1795년) 13성으로 1777년 최초의 미국 성조기로 추정해요. 독립 직후로 별의 위치가 정해져 있지 않아 종횡으로 늘어놓은 디자인도 있었어요.

(1851~1858년) 매튜 페리가 일본에 왔을 때는 31성이에요.

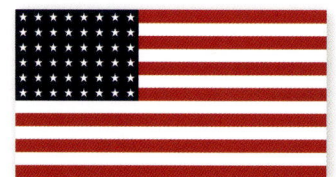

(1912~1959년) 태평양 전쟁 때는 48성이에요.

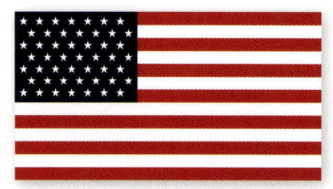

(1959~1960년) 알래스카가 주가 되었을 때는 49성이에요.

(1960년~) 현재의 50성이에요.

앤티가 바부다

Antigua and Barbuda

수도 세인트존스 면적 443㎢
인구 약 10만 명 주요 언어 영어
종횡비 2 : 3

국민이 흑인이라는 것을 나타내는 검정

새로운 시대를 의미하는 태양

희망과 바다를 나타내는 파랑

조상의 피와 국민의 활력을 나타내는 빨강

백사장을 나타내는 하양
V자형은 승리(Victory)를 나타내요.

카리브해의 앤티가, 바부다, 레돈다 3개의 섬으로 이루어진 작은 나라예요. 크리켓은 가장 인기 있는 스포츠로 뛰어난 선수도 많아요. 파인애플과 망고 등 과일이 많이 나요.

크리켓

파인애플과 망고

엘살바도르 공화국

Republic of El Salvador

수도 산살바도르 면적 2만 1,041㎢
인구 약 634만 명 주요 언어 스페인어
종횡비 3 : 5

중앙의 문장에는 중미 5개국을 나타내는 5개의 화산과 깃발, 그 위에 자유를 의미하는 '프리기아 모자'가 그려져 있어요.

수정처럼 투명한 하늘과 카리브해를 나타내는 파랑

평화와 조화를 바라는 나라임을 나타내는 하양

중앙아메리카 대륙의 중앙부에 위치한 작은 나라예요. 화산과 지진 활동이 자주 발생해요. 대표적으로 산티아나 화산과 이살코 화산이 있어요. 커피 재배가 발달했어요. 전통 음식 푸푸사가 유명해요.

전통 의상 블라우스와 주름치마가 특징이에요.

푸푸사는 토르티야에 고기, 콩, 치즈, 야채 등을 넣은 음식이에요.

캐나다

Canada

수도 오타와 **면적** 997만㎢
인구 약 3,931만 명 **주요 언어** 영어, 프랑스어
종횡비 1 : 2

태평양과 대서양을 나타내는 양 끝의 빨강

나라의 상징인 단풍잎

옛 국기 상선기(1957~1965년)에는 왼쪽 위에 영국 국기 '유니언 잭'이 있어요. 오른쪽에는 잉글랜드의 세 마리 사자, 스코틀랜드의 서 있는 사자, 아일랜드의 하프, 프랑스의 백합, 캐나다의 단풍나무 문장이에요.

러시아에 이어 세계에서 두 번째로 넓은 영토를 가진 나라예요. 그만큼 천연자원도 풍부해요. 세계유산 로키 산맥과 세계 3대 폭포에 속하는 나이아가라 폭포가 있어요. 광활하고 아름다운 자연을 간직하고 있어요. 메이플 시럽은 단풍나무의 수액으로 만들며 천연 감미료로 사용돼요. 아이스하키와 손잡이가 달린 라켓을 이용해 상대의 골에 공을 넣는 라크로스는 캐나다에서 가장 인기 있는 스포츠예요.

미국과 캐나다 국경에 걸친 나이아가라 폭포

라크로스는 원주민의 스포츠로 지금은 캐나다의 국가 스포츠예요.

회색곰

쿠바 공화국

Republic of Cuba

수도 아바나 **면적** 11만 860㎢
인구 약 1,123만 명 **주요 언어** 스페인어
종횡비 1 : 2

독립을 위해 흘린 피를 나타내는 빨강

자유, 평등, 박애를 나타내는 삼각형

독립했을 때의 3개의 주를 나타내는 파란 줄

독립운동의 순수함을 나타내는 하양

1849년에 나르시소 로페스 장군이 독립 해방 운동을 위해 만들게 한 국기예요. 이 디자인은 1902년 독립 이래 바뀌지 않았어요.

서인도 제도 중에서 가장 큰 쿠바섬과 그 주변의 섬으로 이루어졌어요. 사탕수수가 많이 재배되어 설탕 생산국으로도 유명해요. 주요 수출품으로는 바나나, 담배, 커피가 있어요. 쿠바 음악은 다양한 리듬과 율동, 그리고 아름다운 멜로디가 특징이에요.

세계유산
아바나 옛 시가와 요새에는 다양한 옛날 자동차들이 많아요.

살사는 쿠바 음악의 영향을 받아 뉴욕에서 만들어진 댄스 음악이에요.

아로스 콘그리는 검은 까치콩을 넣어 지은 콩밥이에요.

과테말라 공화국

Republic of Guatemala

수도 과테말라시티 **면적** 10만 8,889㎢
인구 약 1,871만 명 **주요 언어** 스페인어
종횡비 5 : 8

가운데 문장의 꼬리가 긴 새는 국조 '케찰'이에요. 사육이 어려워 자유의 상징으로 여겨요. 월계수는 승리와 영광을, 교차된 총과 칼은 애국심과 명예를 의미해요. 화폐 단위 케찰도 새 이름에서 유래해요.

태평양과 카리브해 두 바다에 닿아 있는 것을 나타내는 파랑

평화의 바람과 순결을 나타내는 하양

파란 띠와 흰 띠는 중미 5개국에 공통되는 것이에요.

마야 문명이 번성했던 땅으로 많은 마야 유적지가 있는 유명한 나라예요. 마야 문명은 기원전부터 16세기 무렵까지 번영한 도시 문명이에요. 거대한 피라미드와 신전 등이 만들어졌어요. 국토의 대부분이 산악 지형으로 자연 경관이 뛰어나며 지진이 많이 발생해요. 만성절은 한국의 추석과 비슷한 명절로 '죽은 자의 날'이라고도 불려요. 전통 장식으로 꾸민 알록달록한 커다란 연을 날리며 죽은 사람들을 기리고 악마를 물리치는 의미가 있어요.

전통 의상은 다양한 색상과 무늬가 특징이에요.

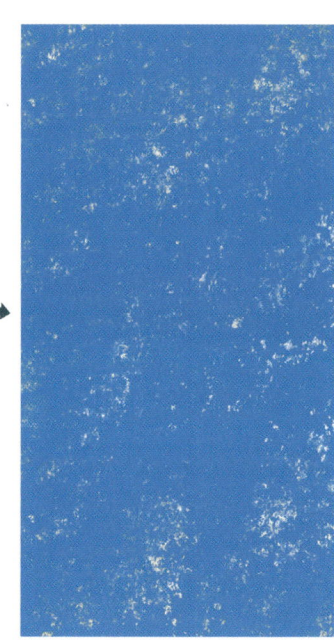

세계유산
티칼 국립공원 1호 신전은 입구에서 재규어 조각이 발견되어 '재규어의 신전'이라고도 불러요.

죽은 자의 날은 죽은 자들의 영혼을 위로하는 전통 연 날리기 축제예요.

> 알면 더 재미있는 국기 이야기

동물이 그려진 국기

동물 문장이 들어간 국기가 있어요. 특히 많이 등장하는 동물은 새예요. 그중에서도 독수리를 자주 볼 수 있어요. 카자흐스탄, 몰도바, 이집트, 잠비아, 멕시코 국기를 들 수 있어요.

에콰도르와 볼리비아 국기에는 하얀 목이 특징인 콘도르가 그려져 있어요. 우간다 국기에는 잿빛왕관두루미, 도미니카 국기에는 황제아마존앵무, 키리바시 국기에는 군함조, 파푸아뉴기니 국기에는 극락조가 그려져 있어요. 또 과테말라 국기에는 세계에서 가장 아름다운 새라 불리는 케찰이 그려져 있어요.

새 이외에도 국기에는 여러 동물이 나와요. 페루 국기에는 비쿠냐(낙타과의 동물), 볼리비아 국기에는 알파카, 안도라의 국기에는 소, 스리랑카 국기에는 사자, 베네수엘라 국기에는 백마가 그려져 있어요. 바누아투 국기에는 멧돼지의 송곳니가 그려져 있어요.

또 상상의 동물이 등장하는 국기도 있어요. 몰타 국기에는 성 조지 훈장이 그려져 있는데, 거기에는 성 조지가 퇴치했다는 용이 있어요. 그리고 알바니아, 세르비아, 몬테네그로 국기에는 머리가 2개 있는 쌍두수리가 그려져 있어요.

카자흐스탄

독수리

과테말라

케찰

스리랑카

사자

알바니아

쌍두수리

그레나다

Grenada

수도 세인트조지스 **면적** 334㎢
인구 약 11만 명 **주요 언어** 영어
종횡비 3 : 5

깃대 쪽에 그려진 건 주요 농산물 '육두구' 열매예요.

7개의 별은 나라의 7개 행정구를 나타내요. 가운데 별은 수도를 의미해요.

지혜, 따뜻함, 부를 나타내는 노랑

농업과 번영을 나타내는 초록

독립과 용기를 나타내는 빨강

카리브해에 떠 있는 작은 섬과 그레나다섬으로 이루어져 있어요. 대부분 화산섬으로 국토가 비옥한 편이에요. 육두구, 정향, 시나몬 등 향신료가 유명해요. 카카오와 바나나가 주요 생산물이에요.

전통 의상

오일 다운은 돼지 꼬리와 채소 등을 코코넛 밀크에 끓인 전통 스튜예요.

코스타리카 공화국

Republic of Costa Rica

수도 산호세 **면적** 5만 1,100㎢
인구 약 504만 명 **주요 언어** 스페인어
종횡비 3 : 5

정부기에는 문장이 있지만 국내에서는 문장이 없는 국기를 사용해요.

파란 띠와 흰 띠는 중미 5개국에 공통된 것이에요.

하늘, 인내, 이상주의를 나타내는 파랑

평화와 행복을 나타내는 하양

피와 관용을 나타내는 빨강

태평양과 카리브해 사이에 있는 나라예요. 나라 이름은 스페인어로 '풍요로운 해안'이라는 뜻이에요. 자연을 소중히 여기는 나라로, 국토의 4분의 1이 국립공원과 자연 보호 구역으로 지정되어 있어요.

전통 춤

무지개 왕부리새

붉은눈청개구리

자메이카

Jamaica

수도 킹스턴 **면적** 1만 991㎢
인구 약 274만 명 **주요 언어** 영어
종횡비 1 : 2

농업, 천연의 부, 미래의 희망을 나타내는 초록

고난을 나타내는 검정

빛나는 태양, 아름다움, 천연 자원을 나타내는 노랑

X자 모양의 '성 안드레아 십자'는 국민의 신앙을 의미해요.

카리브해에 위치한 섬나라예요. 동부에는 고급 커피콩의 산지로 알려진 블루 산맥이 있어요. 이 산맥에서 생산되는 '블루마운틴'은 황제의 커피라 할 만큼 풍미와 향이 좋아요. 사탕수수와 바나나 농사에 알맞은 땅과 기후를 갖고 있어 재배가 활발히 이루어져요. 알루미늄의 원료 보크사이트 자원이 풍부해요. 물빛이 아름다운 블루라군은 인기 있는 관광 명소예요.

블루라군

블루마운틴 커피는 자메이카 블루 산맥에서 생산되는 커피예요.

토속 음악인 레게

세인트키츠 네비스 연방

Federation of St. Kitts and Nevis

수도 바스테르 **면적** 261㎢
인구 약 5만 8,000명 **주요 언어** 영어
종횡비 2:3

농업을 나타내는 초록

2개의 흰 별은 희망과 자유를 의미하기도 하고, 세인트키츠와 네비스 2개의 섬을 나타내요.

국민을 나타내는 검정

햇빛을 나타내는 노랑

독립을 나타내는 빨강

카리브해에 위치한 섬나라예요. 예전에는 사탕수수와 코코넛을 중심으로 한 농업국이었으나 지금은 관광업에 주력하고 있어요. 세인트키츠와 네비스 2개의 화산섬으로 이루어져 아름다운 풍경과 온천이 유명해요.

카니발 데이

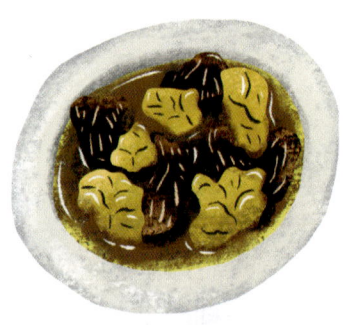

고트 워터 스튜는 염소 고기, 파파야, 만두 등을 토마토소스에 넣어 만들어요.

세인트빈센트 그레나딘

Saint Vincent and the Grenadines

수도 킹스타운 **면적** 389㎢
인구 약 11만 명 **주요 언어** 영어
종횡비 2:3

카리브해와 하늘을 나타내는 파랑

태양과 백사장을 나타내는 노랑

농업과 생명력을 나타내는 초록

V자 모양의 마름모는 나라를 구성하는 섬들이 '앤틸리스 제도의 보석'임을 나타내고, 세인트빈센트섬을 의미하기도 해요.

카리브해에 위치한 섬나라예요. 국토의 대부분을 차지하는 세인트빈센트섬과 그레나딘 제도로 이루어져 있어요. 농업 중심의 경제 활동으로 바나나, 땅콩, 갈분이 많이 생산돼요. 자연환경 덕분에 관광업의 비중이 커지고 있어요.

전통 의상

빵나무 열매를 많이 먹어요.

세인트루시아

Saint Lucia

수도 캐스트리스 **면적** 616㎢
인구 약 18만 명 **주요 언어** 영어, 프랑스어
종횡비 1 : 2

삼각형은 쌍둥이 화산 피톤즈의 2개의 큰 봉우리를 의미해요.

태평양과 카리브해에 둘러싸인 것을 나타내는 파랑

인종의 화합을 나타내는 검정과 하양

태양과 나라의 발전을 나타내는 노랑

카리브해에 위치한 단독 섬나라예요. 바다에 솟아 있는 쌍둥이 화산 피톤즈는 세계유산으로 국기의 모티브가 되기도 했어요. 열대 기후로 바나나와 코코넛이 주요 농작물이에요. 농산물 수출도 많이 해요.

전통 의상

아마존앵무

도미니카 공화국

Dominican Republic

수도 산토도밍고 **면적** 4만 8,670㎢
인구 약 1,063만 명 **주요 언어** 스페인어
종횡비 2 : 3

신과 평화를 나타내는 파랑

자유를 나타내는 하양

조국을 나타내는 빨강

가운데 방패 문장은 월계수 가지와 야자나무 잎으로 둘러싸여 있고, 파랑과 빨강 리본, 창, 성서, 금 십자가가 그려져 있어요.

카리브해에 위치한 히스파니올라섬 동부에 있으며, 섬의 3분의 2를 차지하는 나라예요. 토양과 기후가 좋아 고지대에서 커피 재배가 잘 이루어져요. 춤과 음악이 탄생한 나라로 라틴 리듬의 메렝게는 문화유산이에요.

반데라는 쌀, 콩, 삶은 고기 등으로 이루어진 대표 음식이에요.

메렝게는 민족 음악과 춤이에요.

도미니카 연방

The Commonwealth of Dominica

수도 로조 **면적** 751㎢
인구 약 7만 4,000명 **주요 언어** 영어, 프랑스어
종횡비 1 : 2

세 가지 색의 십자 모양은
삼위일체의 신앙을 의미해요.

풍부한 삼림과
농업을 나타내는 초록

국조인 '황제아마존앵무'는
도미니카에만 있는 새예요.

10개의 별은
10개의 구를 나타내요.

카리브해의 도미니카섬을 차지하는 나라로 '카리브해의 식물원'으로 불려요. 세계유산 모르네 트루아 피통 국립공원은 열대림으로 자연 경관이 뛰어나요. 헤라클레스왕장수풍뎅이가 살고 있는 것으로 유명해요.

카리브족

헤라클레스왕장수풍뎅이는
세계에서 가장 큰 곤충이에요.

트리니다드 토바고 공화국

Republic of Trinidad and Tobago

수도 포트오브스페인 **면적** 5,128㎢
인구 약 141만 명 **주요 언어** 영어
종횡비 3 : 5

2개의 흰 선은 나라를 구성하는
2개의 섬을 나타내요.

국토, 태양, 국민의 활력을
나타내는 빨강

유대감, 헌신, 국토의 풍성함을
나타내는 검정

향상심과 인류의 평화를
나타내는 하양

카리브해에 위치한 트리니다드섬과 토바고섬으로 이루어진 섬나라예요. 전통 타악기 스틸팬이 만들어진 나라이기도 해요. 실로폰과 비슷하며 경쾌한 소리가 나요. 수평하게 걸쳐진 봉 아래를 지나가는 림보 댄스도 유명해요.

림보 댄스

전통 악기
스틸팬

니카라과 공화국

Republic of Nicaragua

수도 마나과 **면적** 13만 370㎢
인구 약 661만 명 **주요 언어** 스페인어
종횡비 3 : 5

중앙의 문장에는 중미 5개국을 나타내는 5개의 화산과
무지개 아래에는 자유를 의미하는 '프리기아 모자'가 그려져 있어요.

정삼각형은 평등을,
무지개는 평화를 의미해요.

파란 띠와 흰 띠는 중미
5개국에 공통된 것이에요.

카리브해와 태평양 사이에 위치하며 국토의 중앙에는 화산 산맥이 지나가요. 그로 인해 활화산과 호수 등 자연 경관이 뛰어나요. 커피와 바나나 재배가 활발히 이루어져요. 라틴아메리카 문학을 대표하는 시인, 루벤 다리오가 이 나라 출신이에요.

풍자극
엘 궤궨세

재규어

아이티 공화국

Republic of Haiti

수도 포르토프랭스 **면적** 2만 7,750㎢
인구 약 1,206만 명 **주요 언어** 프랑스어, 크리올어
종횡비 3 : 5

프랑스 국기에서 하양을 빼고
파랑과 빨강으로 가운데 국장이 있어요.

문장에는 대포, 소총, 북, 트럼펫, 군기 등이 있어요.
야자나무 위에는 '프리기아 모자'가 올려져 있어요.

카리브해의 히스파니올라섬의 서쪽 부분에 위치한 나라예요. 흑인이 건국한 세계 최초의 독립국이에요. 독립 후에 프랑스의 공격에 대비하여 라페리엘 산봉우리에 자유를 상징하는 거대 요새 시타델을 지었어요.

전통 의상

세계유산
시타델은 자유의 상징이에요.

알면 더 재미있는 국기 이야기

국장이 많은 중남미 국기

중남미 나라들의 국기에는 국장을 비롯한 문장이 달린 국기가 많아요. 나라를 상징하는 문양이나 색상을 통해 정체성을 표현해요.

멕시코 국장에는 호수 위의 선인장에 앉아 뱀을 물고 있는 독수리가 그려져 있어요. 벨리즈의 국장에는 두 사람이 등장하는데 각각 도끼와 노를 들고 있어요. 코스타리카의 국장에는 태평양과 카리브해를 횡단하는 2개의 상선이 그려져 있어요. 도미니카의 국장에는 펼쳐져 있는 성경과 십자가 등이 그려져 있어요. 아이티의 국장에는 대포, 소총, 북, 트럼펫 같은 용맹함을 보여 주는 것들이 그려져 있어요. 베네수엘라 국장에는 전진하는 백마, 볼리비아 국장에는 포토시 은광과 콘도르가 그려져 있어요.

국장이 달린 국기는 일반적으로는 국장을 빼고 사용되는 일이 많아요. 단, 멕시코 국기는 국장을 빼면 이탈리아 국기와 구별되지 않기 때문에 항상 국장이 달린 국기를 사용해요. 파라과이 국기는 국장을 빼면 네덜란드 국기와 구별되지 않기 때문에 파라과이 역시 국장이 달린 국기를 사용해요.

또 엘살바도르, 니카라과, 아이티, 볼리비아 국기의 국장에는 자유를 상징하는 '프리기아 모자'가 등장해요. 해방과 자유의 상징으로 고대 로마에서 노예가 해방되었을 때 썼을 뿐 아니라 프랑스 혁명 때도 혁명파가 썼다는 모자예요.

프랑스의 화가 들라크루아가 그린 〈민중을 이끄는 자유의 여신〉이라는 작품이에요. 1830년 프랑스 7월 혁명을 주제로 했어요. 가운데 여성이 프리기아 모자를 쓰고 있어요.

아이티 국장

야자나무 위에 있는 것은 프리기아 모자예요.

파나마 공화국

Republic of Panama

수도 파나마시티 **면적** 7만 5,517㎢
인구 약 445만 명 **주요 언어** 스페인어
종횡비 2 : 3

파랑(보수당)과 빨강(자유당)은
독립 당시의 양대 정당을 나타내요.

두 정당의 단결과 국민의 평화를
나타내는 하양

북·남아메리카 대륙 경계선에 위치한 나라예요. 국토의 대부분이 산악 지대로 이루어져 있어요. 태평양과 카리브해를 연결하는 파나마 운하가 있으며 매년 1만 수천 척의 배가 오가요.

전통 의상은
다양한 자수와 레이스가
특징이에요.

국조
부채머리수리

바하마 연방

The Commonwealth of Bahamas

수도 나소 **면적** 1만 3,880㎢
인구 약 39만 명 **주요 언어** 영어
종횡비 1 : 2

국민의 단결과 결의를
나타내는 검정

국토의 풍요와 태양의
은총을 나타내는 노랑

2개의 파랑 띠는 카리브해와 태평양에
둘러싸인 섬나라인 것을 나타내요.

플로리다반도 남동쪽에 펼쳐진 크고 작은 약 700개의 섬과 2,000개가 넘은 산호초로 이루어진 섬나라예요. 그중 약 30개의 섬에만 사람이 살고 있어요. 관광지와 휴양지로 인기가 많아요.

분홍거미고둥(콩크)은
식용으로 하고 조개껍질은
액세서리로 만들어요.

무인도
빅 메이저 케이에서는
수영하는 돼지를
볼 수 있어요.

바베이도스

Barbados

수도 브리지타운 **면적** 431㎢
인구 약 29만 명 **주요 언어** 영어
종횡비 2 : 3

섬을 둘러싼 대서양과 카리브해를 나타내는 파랑 ↓

국토의 부와 모래를 나타내는 노랑 ↓

↑ 가운데 삼지창은 그리스 신화에 나오는 '포세이돈의 무기'로 독립을 의미해요.

카리브해에 위치하며 산호초로 이루어진 작은 섬나라예요. 수도 브리지타운과 요새는 세계 유산으로 영국 식민지 시대의 오래된 건축물이 보존되어 있으며 관광지로 유명해요.

전통 의상

날치 튀김은 대표 음식으로 인기가 많아요.

※2021년 11월, 입헌군주제에서 공화정으로 이행했어요.

벨리즈

Belize

수도 벨모판 **면적** 2만 2,966㎢
인구 약 44만 명 **주요 언어** 영어, 스페인어
종횡비 2 : 3

이웃 나라와의 협력과 카리브해를 나타내는 파랑 ↓

나라의 독립과 결의를 나타내는 빨강 ↓

↑ 문장의 가운데에는 마호가니 나무가 있어요. 방패 안에 나무를 자르는 도구와 범선을 그려 목재와 조선의 중요성을 나타내고 있어요.

중앙아메리카의 유카탄반도 남쪽에 위치한 나라예요. 호주의 그레이트 배리어 리프에 이어, 세계에서 두 번째로 큰 그레이트 블루홀이 있어요. 아름다운 산호초가 둥근 모양을 이루고 있어 '카리브해의 보석'이라 부르기도 해요.

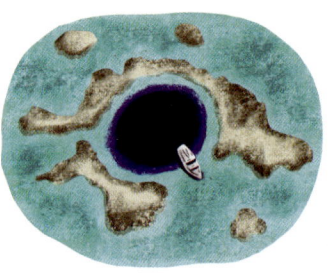

세계유산
벨리즈 산호초 보호 지역에는 희귀 동식물이 살고 있어요.

아메리카매너티

온두라스 공화국

Republic of Honduras

수도 테구시갈파 **면적** 11만 2,492㎢
인구 약 1,029만 명 **주요 언어** 스페인어
종횡비 1 : 2

태평양과 카리브해를 나타내는 파랑

나라의 평화와 국민의 번영을 나타내는 하양

5개의 별은 중앙아메리카 연방을 구성하는 중미 5개국(과테말라·엘살바도르·온두라스·니카라과·코스타리카)을 나타내요. 파란 띠와 흰 띠는 이 5개국에 공통된 것이에요.

중앙아메리카의 중부에 있는 나라로 북은 카리브해, 남은 태평양에 접하고 있어요. 세계유산 리오 플라타노강 생물권 보전지역의 열대 우림에는 다양한 야생 동식물이 서식하고 있어요. 국조 금강앵무와 큰개미핥기 같은 희귀한 야생 동물을 볼 수 있어요. 바나나 생산지로도 잘 알려져 있어요.

전통 의상

국조 금강앵무

엔칠라다는 튀긴 토르티야에 다진 고기, 치즈, 야채 등을 넣어 구운 음식이에요.

멕시코 합중국

United Mexican States

수도 멕시코시티 **면적** 196만㎢
인구 약 1억 3,011만 명 **주요 언어** 스페인어
종횡비 4 : 7

독립과 자원을 나타내는 초록

종교의 순수성과 통일을 나타내는 하양

중앙의 문장은 '독수리가 뱀을 물고 호숫가의 선인장에 앉아 있는 것을 보면, 거기에 도읍을 정해라'라는 아즈텍의 테노치티틀란 전설에서 유래해요.

백인, 인디오, 메스티소 민족의 통합과 독립을 위한 희생을 나타내는 빨강

북아메리카 대륙의 남부에 위치한 나라예요. 국토의 대부분을 산지와 사막이 차지하고 있어요. 올멕, 마야, 아즈텍 문명의 발상지예요. 고대 문명이 꽃을 피운 나라로 유적이 많이 남아 있어요. 멕시코의 주식 토르티야는 옥수수 가루 반죽을 얇게 펴서 구운 전통 빵이에요.

죽은 자의 날 축제. 죽은 사람들의 명복을 빌어요.

선인장은 비가 적은 지역에서도 잘 자라요.

타코는 여러 가지 재료를 토르티야로 싼 음식이에요.

남아메리카

아르헨티나 공화국

Argentine Republic

수도 부에노스아이레스 **면적** 279만㎢
인구 약 4,732만 명 **주요 언어** 스페인어
종횡비 9 : 14

파랑과 하양은 독립 전쟁에서 사용된 군복의 색에서 유래해요.

독립을 상징하는 태양

'5월의 태양'이라고 불리는 문장이 가운데 있어요. 독립 전쟁이 시작된 5월에 비가 그치고 태양이 찬란하게 빛났다고 해서 5월의 혁명을 의미해요.

브라질에 이어 남아프리카에서 두 번째로 큰 나라예요. 대초원 팜파스는 남아메리카 최대의 농업과 목축업 지대예요. 세계유산 로스 글라시아레스 국립공원에는 아르헨티노 호수를 비롯해 수많은 빙하 호수가 있어요. 세계 최대의 이구아수 폭포 역시 세계유산이에요. 카우보이 '가우초'는 평원 지대를 터전으로 소를 키우며 살아요.

아르헨티나 탱고

세계유산
로스 글라시아레스 국립공원

가우초

우루과이 동방 공화국

Oriental Republic of Uruguay

수도 몬테비데오 **면적** 17만 6,000㎢
인구 약 348만 명 **주요 언어** 스페인어
종횡비 2 : 3

태양은 아르헨티나의 국기에도 있는 '5월의 태양'으로 독립을 지원해 준 아르헨티나와의 연대를 의미해요.

평화를 나타내는 하양

자유를 나타내는 파랑

1828년부터 1830년까지 사용한 국기예요.

9개의 줄은 독립 당시에 있었던 9개 주를 나타내요.

브라질과 아르헨티나 사이에 위치해요. 대서양과 라플라타강에 닿아 있는 나라예요. 우루과이 역시 팜파스 대초원이 펼쳐져요. 소, 말, 양 등을 대규모로 방목하며 목축업이 발달했어요. 때문에 질 좋은 소고기와 양고기 등을 많이 생산해요.

로데오 대회는 카우보이가 말을 타고 누가 더 오래 버티는지 겨루는 경기예요.

마테차는 조롱박으로 만든 다기에 찻잎을 넣은 후 뜨거운 물을 붓고 빨대로 마셔요.

아사도는 소고기 등을 구운 전통 음식이에요.

에콰도르 공화국

Republic of Ecuador

수도 키토 **면적** 28만㎢

인구 약 1,729만 명 **주요 언어** 스페인어, 케추아어

종횡비 2 : 3

부와 농장, 태양을 나타내는 노랑 ▶

하늘과 바다, 아마존강을 나타내는 파랑 ▶

자유와 정의를 위해서 흘린 피를 나타내는 빨강 ▶

◀ 1819년에 만들어진 대콜롬비아 국기에서 유래한 디자인. 대콜롬비아는 에콰도르와 예전의 콜롬비아 (현재의 파나마 포함), 베네수엘라를 포함한 나라로, 에콰도르는 1830년에 분리되었어요.

◀ 가운데 문장에는 날개를 편 콘도르, 눈 쌓인 침보라소산, 과야스강, 증기선, 태양 등이 그려져 있어요.

나라 이름은 스페인어로 '적도'라는 뜻을 가지고 있어요. 이름대로 적도가 지나가는 나라예요. 수도 키토에는 적도 박물관이 있어요. 중앙에는 안데스 산맥이 지나가고, 에콰도르에서 가장 높은 침보라소산이 우뚝 솟아 있어요. 현재는 화산 활동이 멈춘 상태예요. 태평양에 있는 갈라파고스 제도에는 바다사자와 바다이구아나 등 여러 종의 희귀한 동물이 살고 있어요.

적도 기념비

갈라파고스땅거북

푸른발부비새

내추럴리스트 가이드

가이아나 공화국

Cooperative Republic of Guyana

수도 조지타운 **면적** 21만 4,969㎢
인구 약 79만 명 **주요 언어** 영어, 크리올어
종횡비 3:5

'황금 화살촉'으로 불리는 국기예요.

국가 건설에 대한 국민의 열정과 협력을 나타내는 빨강

장래를 위한 인내를 나타내는 검정

풍부한 수자원을 나타내는 하양

광물 자원을 나타내는 노랑

농업과 삼림 자원을 나타내는 초록

남아메리카 대륙의 북부에 위치한 나라로 원주민어로 '물의 나라'라는 뜻이에요. 열대 우림으로 덮여 있어 비가 많이 내려요. 남미에서 유일하게 영어를 공용어로 쓰는 나라예요. 기아나 고지에서 흘러 떨어지는 카이에테우르 폭포의 낙차는 226m나 돼요. 농업과 광업은 가이아나의 중요한 경제 활동이에요. 석유, 보크사이트, 금의 자원이 풍부하며, 설탕과 쌀 등을 수출해요.

아라와크족

카이에테우르 폭포

국조 호아친

콜롬비아 공화국

Republic of Colombia

수도 보코타　**면적** 114만㎢
인구 약 5,161만 명　**주요 언어** 스페인어
종횡비 2 : 3

태양과 국토를 나타내는 노랑

바다와 하늘을 나타내는 파랑

용기, 명예, 관용, 희생을 나타내는 빨강

　남아메리카 대륙의 북서쪽에 위치하며 북은 카리브해, 서는 태평양에 둘러싸인 나라예요. 정부에서도 관리하고 있을 만큼 커피 품질이 뛰어나요. 광물 자원도 풍부하여 에메랄드는 세계 최대의 산출량을 자랑하며 금도 많이 나요. 남서부의 가파른 협곡 위에 지어진 라스 라하스 성당은 다리 위의 아름다운 성당으로 유명해요.

라스 라하스 성당

국조
안데스콘도르

전통 의상

수리남 공화국

Republic of Suriname

수도 파라마리보 **면적** 16만 3,821㎢
인구 약 59만 명 **주요 언어** 네덜란드어
종횡비 2 : 3

농업과 나라의 발전을 나타내는 초록

평화, 정의, 자유를 나타내는 하양

독립, 애국심, 협동을 나타내는 빨강

노란색 별은 민족의 단결과 빛나는 미래를 의미해요.

국토의 10퍼센트를 차지하는 중앙 수리남 자연보전 지역은 세계유산으로 원시 열대림 지대예요. 재규어와 왕아르마딜로 등 각종 동식물이 서식하고 있어요. 광물 보크사이트 매장량이 많으며 최대 수출품이에요.

전통 의상

흰얼굴사키원숭이

칠레 공화국

Republic of Chile

수도 산티아고 **면적** 75만 6,102㎢
인구 약 1,968만 명 **주요 언어** 스페인어
종횡비 2 : 3

맑은 하늘과 태평양을 나타내는 파랑

별은 국가의 통합과 진보를 의미해요.

눈 덮인 안데스 산맥의 장엄함을 나타내는 하양

독립을 위해 선조들이 흘린 피를 나타내는 빨강

국토가 남북으로 약 4,300km로 가늘고 긴 모양의 나라예요. 칠레 영토에서 가장 외딴섬인 이스터섬에는 사람 얼굴을 한 거대한 모아이 석상이 많이 남아 있어요.

세계유산 라파누이 국립공원의 모아이 석상

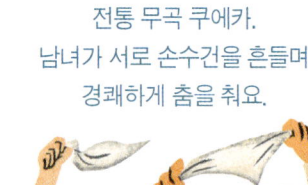

전통 무곡 쿠에카. 남녀가 서로 손수건을 흔들며 경쾌하게 춤을 춰요.

파라과이 공화국

Republic of Paraguay

수도 아순시온 **면적** 40만 6,752㎢
인구 약 735만 명 **주요 언어** 스페인어, 과라니어
종횡비 3 : 5

독립 전쟁, 애국심, 용기, 정의를 나타내는 빨강

평화와 순수를 나타내는 하양

자유와 진실을 나타내는 파랑

국장에는 평화의 상징인 '올리브 잎'과 승리를 의미하는 '야자나무 잎'이 그려져 있어요.

앞과 뒤의 문장이 달라요. 뒷면에는 사자와 자유를 의미하는 '프리기아 모자'가 그려져 있어요.

남아메리카 대륙 중앙에 흐르는 파라과이강 유역에 위치한 나라예요. 면적은 한반도의 약 1.8배 정도 크기예요. 냔두티는 색채가 풍부하고 섬세한 전통 공예품이에요. 원주민의 말로 '거미줄'이라는 뜻이에요. 독특한 문양으로 레이스를 짜서 옷, 컵 받침, 침대보 등 다양하게 사용해요.

민속 악기 아르파는 인디언 하프라고도 불러요.

냔두티

포투

브라질 연방 공화국

Federative Republic of Brazil

수도 브라질리아 **면적** 851만㎢
인구 약 2억 1,000만 명 **주요 언어** 포르투갈어
종횡비 7 : 10

농업과 산림 자원을 나타내는 초록

광물 자원을 나타내는 노랑

하늘을 나타내는 파랑

중앙의 별자리 그림은 공화정을 선언한 1889년 11월 15일 중심 도시 '리우데자네이루'의 하늘이 표현되어 있어요. 수도 브라질리아와 주의 수를 나타내는 27개의 별이 있어요.

남아메리카 대륙의 반을 차지하는 나라예요. 국토가 매우 넓어 남아메리카의 많은 국가들과 국경선이 맞닿아 있어요. 북부에는 아마존강이 흘러 울창한 정글이 있어요. 커피 생산량은 세계 제일을 자랑해요. 리우데자네이루에서 매년 리우 카니발 축제가 열려요. 브라질의 상징인 삼바 리듬에 맞춰 단체로 춤을 추며 축제를 즐겨요.

리우데자네이루 카니발 (리우 카니발)

슈하스코는 고기, 야채, 과일을 꼬치에 끼워 구워 먹는 전통 음식이에요.

코르코바도 언덕의 그리스도 석상

베네수엘라 볼리바르 공화국

Bolivarian Republic of Venezuela

수도 카라카스 **면적** 91만 6,445㎢
인구 약 2,979만 명 **주요 언어** 스페인어
종횡비 2 : 3

- 노랑·파랑·빨강의 삼색은 대콜롬비아 시대의 깃발에서 유래해요.
- 나라의 풍부함을 나타내는 노랑
- 하늘과 바다를 나타내는 파랑
- 용기와 독립을 위해 흘린 피를 나타내는 빨강
- 별의 개수는 8개예요. 원래는 7개 주를 1811년 독립 당시의 7개 주를 나타냈으나, 2006년 영유권을 다투는 과야나 지방의 일부를 나타내기 위해 별이 하나 더 추가되었어요.

남아메리카 대륙의 가장 북쪽에 위치한 나라로 자연 경관이 아름다운 나라예요. 나라 한가운데를 오리노코강이 흐르는데, 크게 커브를 돌며 대서양으로 흘러 들어가요. 세계 유수의 석유 산출량을 자랑하고, 금과 다이아몬드 등 다양한 광물 자원을 보유하고 있어요. '춤추는 악마'라고 불리는 가톨릭 축제는 세계 무형문화 유산이에요.

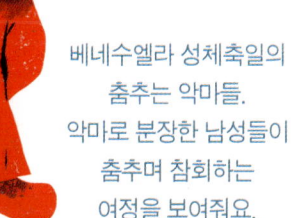

베네수엘라 성체축일의 춤추는 악마들. 악마로 분장한 남성들이 춤추며 참회하는 여정을 보여줘요.

흰 옥수수 가루로 만든 아레파 빵이에요. 고기, 생선, 야채를 넣어 먹어요.

오리노코강에 서식하는 아마존강돌고래 (핑크 돌고래)

알면 더 재미있는 국기 이야기

비슷한 국기

세계의 국기 중에는 헷갈리기 쉬운 국기가 많아요. 어떤 이유와 의미가 있어서 디자인이 비슷한 국기도 있고, 우연히 비슷한 국기도 있어요.

인도네시아   모나코   폴란드

인도네시아와 모나코의 국기는, 세로 가로 비율만 달라요. 국제 연합이나 올림픽 등에서는 2 : 3의 비율로 맞추기 때문에 구별이 어려워요. 폴란드의 국기는 색 위치가 반대예요.

아이티   리히텐슈타인

1936년 베를린 올림픽에서 두 나라의 국기 디자인이 똑같다는 사실을 알게됐어요. 그 후에 서로 의미가 있는 문장을 넣었어요.

에콰도르   콜롬비아   베네수엘라

세 나라는 원래 대콜롬비아 공화국(그란 콜롬비아)이라는 하나의 국가였어요.

이탈리아   멕시코

멕시코는 중앙에 국장이 들어가요.

아이슬란드   스웨덴   덴마크   노르웨이   핀란드

북유럽 국가에서는 공통적으로 스칸디나비아 십자를 사용해요.

이외에도 비슷한 국기가 있어요. 비교해 보세요!

- 안도라·차드·몰도바·루마니아
- 슬로바키아·슬로베니아·세르비아·러시아
- 네덜란드·파라과이·룩셈부르크
- 튀니지·튀르키예
- 카타르·바레인
- 수단·팔레스타인·요르단
- 아일랜드·코트디부아르
- 아르헨티나·엘살바도르·니카라과·온두라스
- 호주·쿡 제도·뉴질랜드
- 기니·말리
- 가나·볼리비아
- 인도·니제르

페루 공화국

Republic of Peru

수도 리마 **면적** 128만㎢
인구 약 3,340만 명 **주요 언어** 스페인어, 케추아어, 아이마라어
종횡비 2 : 3

문장에는 페루를 상징하는 동물 비쿠냐, 식물 기나나무, 국부를 상징하는 풍요의 뿔이 그려져 있어요.

빨강과 하양의 배색은 독립운동의 지도자 산마르틴이 피스코에 도착했을 때 본 붉은 날개와 흰 가슴을 가진 새(플라밍고)에서 유래해요.

올림픽과 민간기에서는 문장을 뺀 빨강·하양·빨강의 세로 삼색기를 사용해요.

남아메리카 대륙의 북서부에 위치하고, 태평양에 닿아 있는 나라예요. 해발 약 2,400m의 고지에 펼쳐진 잉카 제국의 도시 유적, 마추픽추가 유명해요. 세계유산으로 아름다운 절경을 자랑해요. 건조한 지면에 기하학 도형과 동식물 등이 그려진 '나스카 지상화'는, 하늘에서 보지 않으면 전체 모습을 파악할 수 없을 만큼 거대한 그림이 많아요.

티티카카 호수에 떠 있는 갈대로 만들어진 우로스섬에는 우르족이 살고 있어요.

나스카와 후마나 평원의 선과 지상 그림

마추픽추 역사 보호 지구

볼리비아 다민족국

Plurinational State of Bolivia

수도 수크레(헌법상의 수도), 라파스(행정 수도) **면적** 109만 8,581㎢
인구 약 1,172만 명 **주요 언어** 스페인어, 케추아어, 아이마라어 등 총 37개 언어 사용
종횡비 2 : 3

풍부한 동물 자원을 나타내는 빨강 ▶

풍부한 광물 자원을 나타내는 노랑 ▶

풍요로운 대지와 식물 자원을 나타내는 초록 ▶

◀ 정부기에는 프리기아 모자, 콘도르, 알파카, 빵나무, 포토시 은광 등 볼리비아를 상징하는 문장이 그려져 있어요. 10개의 별은 볼리비아 9개 주와 태평양 전쟁에서 칠레에 빼앗긴 리토랄 지역을 의미해요.

나라의 서쪽에 안데스 산맥이 있으며 고원 지대예요. 라파스는 해발 약 3,600m로 겨울에는 일교차가 커요. 페루와의 국경에는 세계에서 가장 높은 곳에 위치한 티티카카 호수가 있어요. 살라르 데 우유니는 거대한 호수로 '우유니 소금 사막'으로 불려요. 우기가 되면 빗물이 고여 하늘 풍경이 거울처럼 수면에 비치는 현상을 볼 수 있어요.

우유니 소금 사막

전통 악기 삼포냐

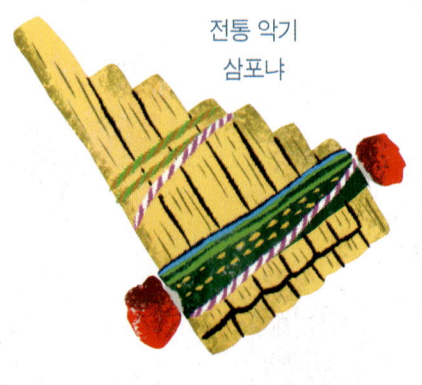

알파카

오세아니아

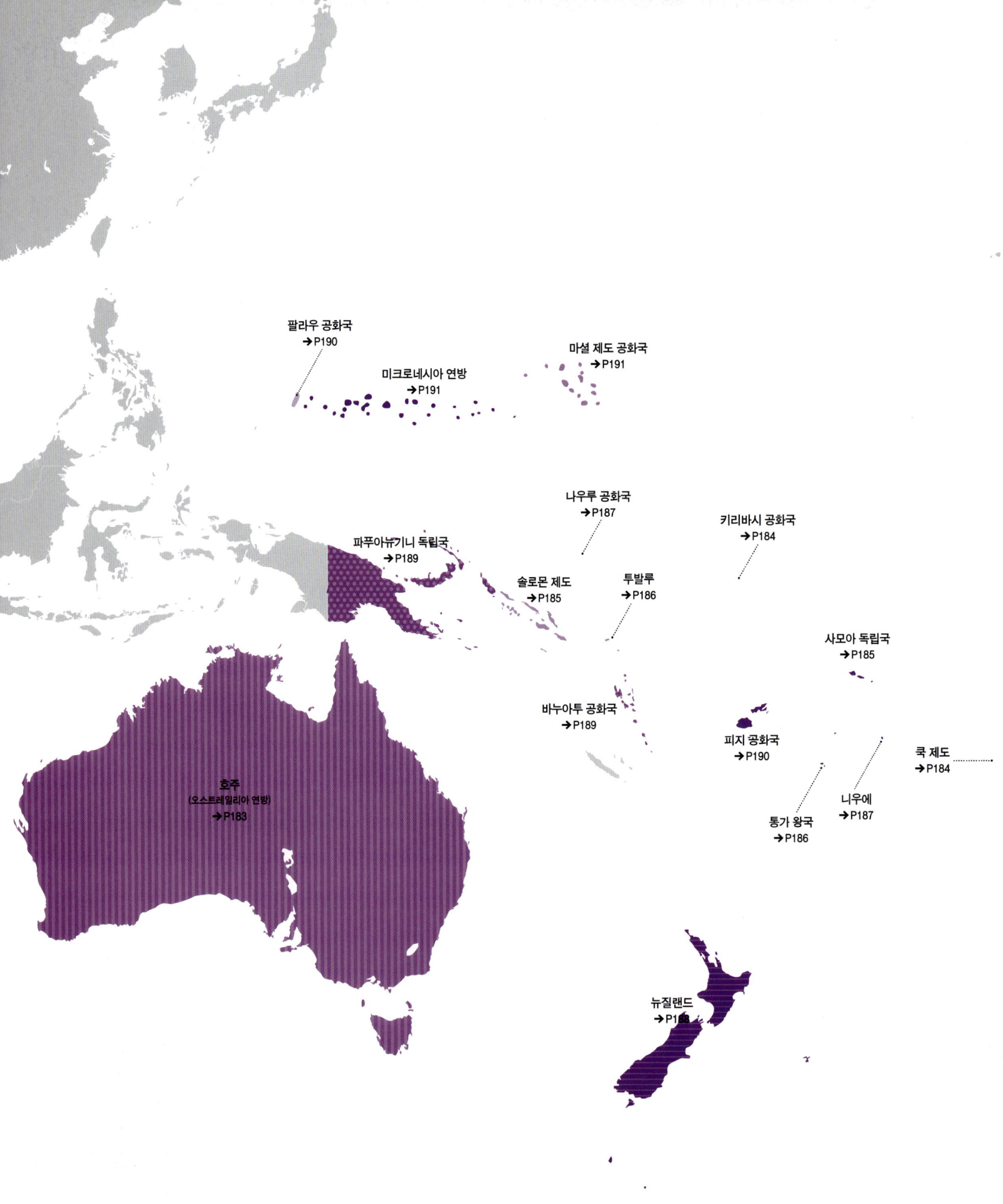

호주(오스트레일리아 연방)

Commonwealth of Australia

수도 캔버라 **면적** 769만㎢
인구 약 2,598만 명 **주요 언어** 영어
종횡비 1 : 2

왼쪽 위에는 영국 국기 '유니언 잭'이 있어요. 영국과 깊은 유대 관계가 있다는 것을 의미해요.

5개의 별은 남반구에 있는 '남십자성'을 나타내요.

7각의 큰 별은 호주를 구성하는 주와 기타 영토를 나타내며 '연방의 별'이라고 불러요.

오세아니아 대륙의 대부분을 차지하는 나라예요. 세계유산 그레이트 배리어 리프는 세계 최대의 다양하고 아름다운 산호초 지대예요. 바다거북과 산호, 어류 등 다양한 생물이 살아요. 울루루(에어즈록)는 붉은 모래 언덕에 있는 거대한 암석이에요. 원주민 애버리지니(어보리진)의 성지라고 해요. 캥거루와 코알라는 호주 고유의 동물이에요.

원주민 애버리지니의 댄스

세계유산 울루루 카타 추타 국립공원

캥거루

코알라

키리바시 공화국

Republic of Kiribati

수도 타라와 면적 811㎢
인구 약 12만 1,000명 주요 언어 영어, 키리바시어
종횡비 1 : 2

파도 위에 빛나는 태양은 키리바시가 날짜 변경선 서쪽에 위치하며, 세계에서 가장 먼저 태양이 떠오르는 나라임을 나타내요.

군함조는 바다, 자유, 권위, 희망을 의미해요.

파랑은 태평양을, 흰 파도는 나라를 구성하는 3개 군도를 나타내요.

태평양의 중심에 위치하며 33개의 산호초 섬으로 이루어졌어요. 대부분의 섬이 자연 그대로의 모습을 간직하고 있어요. 코코넛 열매를 건조시킨 코프라의 생산이 발달했어요. 키리티마티섬(크리스마스섬)에는 군함조 등 많은 바닷새가 살아요.

전통 춤

군함조

쿡 제도

Cook Islands

수도 아바루아 면적 240㎢
인구 약 1만 7,600명 주요 언어 영어, 마오리어
종횡비 1 : 2

'유니언 잭'은 영국과 깊은 관계인 것을 나타내요.

태평양을 나타내는 파랑

15개의 별은 쿡 제도를 구성하는 15개의 섬을 나타내요.

평화와 애정을 나타내는 하양

남태평양의 쿡 제도는 뉴질랜드와 하와이 사이에 위치한 폴리네시아 섬나라예요. 15개의 산호초 섬과 화산섬으로 이루어졌어요. 1773년 영국의 제임스 쿡 선장이 처음으로 발견한 곳으로 자신의 성을 따서 나라 이름을 지었어요.

전통 춤. 강렬한 리듬에 맞춰 박진감 넘치는 춤을 춰요.

전통 음식 우무카이

사모아 독립국

The Independent State of Samoa

수도 아피아 **면적** 2,831㎢
인구 약 20만 1,000명 **주요 언어** 사모아어, 영어
종횡비 1 : 2

애국심과 자유를 나타내는 파랑
순결과 순수를 나타내는 하양
충성과 용기를 나타내는 빨강

5개의 별은 '남십자자리'로 뉴질랜드와 관계가 있음을 나타내요.

    사모아 제도의 서쪽에 있는 사바이섬과 우폴루섬을 비롯해 7개의 작은 섬으로 이루어졌어요. 우무는 사모아의 전통 조리법이에요. 나무와 코코넛 껍질로 불을 지핀 후 달구어진 돌에 각종 식재료를 익혀 먹어요.

전통 춤

전통 가옥 팔레는 지붕과 기둥만 있고 벽이 없어요.

솔로몬 제도

Solomon Islands

수도 호니아라 **면적** 2만 8,450㎢
인구 약 70만 4,000명 **주요 언어** 영어, 솔로몬 피진어
종횡비 1 : 2

5개의 별은 나라의 크고 중요한 5개의 섬을 나타내요.
태평양과 비 등 수자원을 나타내는 파랑

풍요의 근원인 태양을 나타내는 노랑
풍요로운 국토, 삼림, 농작물을 나타내는 초록

    세계 최대의 산호초 섬인 렌넬섬을 비롯해 1,000개 이상의 크고 작은 섬으로 이루어졌어요. 열대 우림에 덮인 섬이 많아 식물, 곤충, 조류 등 다양한 종이 살고 있어요.

전통 춤

프리아무스비단제비나비

투발루

Tuvalu

수도 푸나푸티 **면적** 26㎢
인구 약 1만 1,925명 **주요 언어** 투발루어, 영어
종횡비 1 : 2

영국 국기 '유니언 잭'은 투발루가
영국 연방의 일원임을 나타내요.

9개의 별은 나라를 구성하는
섬의 수를 나타내요.

남태평양에 있는 4개의 암초 섬과 5개의 환초 섬으로 이루어진 아주 작은 나라예요. 가장 높은 곳이라도 해발 4~5m밖에 안된다고 해요. 판다누스나 야자 잎을 염색해서 전통 무늬로 짠 옷과 돗자리 등 전통 공예품이 있어요.

전통 춤

판다누스 잎에 아름다운 문양을
넣고 염색한 공예품

통가 왕국

The Kingdom of Tonga

수도 누쿠알로파 **면적** 748㎢
인구 약 11만 명 **주요 언어** 통가어, 영어
종횡비 1 : 2

십자가는 기독교 신앙을
상징해요.

순결을
나타내는 하양

그리스도의 성스러운 피를
나타내는 빨강

남태평양에 위치하며 약 170여 개의 섬으로 이루어졌어요. 결혼식이나 장례식에 참석할 때는 전통 의상 타오발라를 입어요. 허리를 감싸는 형태로 남녀 모두가 입어요.

전통 의상
타오발라

통돼지 구이

나우루 공화국

Republic of Nauru

수도 야렌 **면적** 21㎢
인구 약 1만 800명 **주요 언어** 나우루어, 영어
종횡비 1 : 2

태평양을 나타내는 파랑

적도를 나타내는 노랑

별은 나우루가 적도 바로 남쪽에 위치하는 것을 나타내요.
별의 12개 빛은 12개 부족의 단결을 의미해요.

적도 부근에 위치한 태평양의 섬나라로 세계에서 세 번째로 작은 나라예요. 오랜 세월 앨버트로스 등 바닷새의 똥이 퇴적되어 생긴 섬이에요. 과거에는 주요 자원 인광석으로 번영을 이루었으나, 현재는 경제적 위기를 겪고 있어요.

니우에

Niue

수도 알로피 **면적** 259㎢
인구 약 1,600명 **주요 언어** 니우에어, 영어
종횡비 1 : 2

디자인을 조금 바꾼 '유니언 잭' 모양이에요. 중앙의 커다란 별은 니우에의 자치를 상징해요. 4개의 작은 별은 '남십자자리'예요.

노랑은 니우에에 쏟아지는 햇빛을 나타내고, 뉴질랜드와 그 국민에 대한 우애와 친밀감을 의미해요.

남태평양에 위치하며 섬 하나로 이루어진 작은 나라예요. 섬은 절벽 위에 있는데, 세계에서 가장 큰 산호초 섬이라고 해요.

전통 춤

앨버트로스

전통 춤

야자집게

뉴질랜드

New Zealand

수도 웰링턴　**면적** 27만㎢
인구 약 508만 명　**주요 언어** 영어, 마오리어
종횡비 1 : 2

'유니언 잭'은 뉴질랜드가 영국 연방의 일원임을 나타내요.

남태평양을 나타내는 파랑

4개의 별은 '남십자성'을 의미해요.

남태평양에 위치한 섬나라예요. 대표 산업으로 농업과 목축업이 발달했어요. 넓은 초원에서 자유롭게 양, 염소, 소 등을 길러요. 유제품의 품질이 좋아 수출도 많이 해요. 럭비 국가 대표팀 '올블랙스(All Blacks)'는 시합 전에 하카 춤을 춰요. 하카는 박자에 맞춰 발을 구르고 손으로 허벅지와 가슴을 쳐요. 혀를 내미는 표정과 우렁찬 소리를 내는 게 특징이에요. 국조인 키위는 날지 못하는 새로 유명해요.

하카는 마리오족의 전통 춤이자 의식이에요.

국조 키위

양털 깎기

바누아투 공화국

Republic of Vanuatu

수도 포트빌라 **면적** 1만 2,200㎢
인구 약 31만 4,700명 **주요 언어** 비슬라마어, 영어, 프랑스어
종횡비 3 : 5

- 바누아투의 국민을 나타내는 검정
- 희생과 화합을 나타내는 빨강
- 태양과 빛을 나타내는 노랑

- 2개의 잎은 국민의 단결과 평화를 의미해요. 검정 삼각형 안에 있는 멧돼지의 송곳니는 부와 영광을 의미해요.
- 국토의 풍요로움을 나타내는 초록

80개 이상의 섬으로 이루어졌어요. 야수르 화산은 세계에서 가장 화구에 가까이 갈 수 있는 화산으로 유명해요. 나무를 파서 만든 슬릿 드럼은 축제나 의례에서 사용되는 전통적인 북이에요.

전통 춤. 섬이 많은 만큼 춤의 문화도 다양해요.

슬릿 드럼은 사람 모양으로 '슬릿 공'이라고도 불려요. 세로로 세워 놓고 연주해요.

파푸아뉴기니 독립국

The Independent State of Papua New Guinea

수도 포트모르즈비 **면적** 45만 2,860㎢
인구 약 912만 명 **주요 언어** 영어, 톡피신, 히리 모투어
종횡비 3 : 4

- 국조 '극락조'가 하늘을 나는 모습이에요.

- 5개의 하얀 별은 '남십자자리'를 나타내요.
- 빨강·검정은 나라의 전통 색이에요.

호주 북쪽에 있는 뉴기니섬의 동쪽과 주변 600개 정도의 섬으로 이루어진 나라예요. 극락조는 옛날부터 파푸아뉴기니의 상징으로 '풍조'라고도 해요.

전통 축제 싱싱에서는 전통 의상을 입고 춤을 춰요.

국조 극락조(수컷)

팔라우 공화국

Republic of Palau

수도 응게룰무드　**면적** 459㎢
인구 약 1만 8,000명　**주요 언어** 팔라우어, 영어
종횡비 5 : 8

만월(보름달)을 나타내는 노랑 원은
사랑과 평화를 의미해요.

태평양을
나타내는 파랑

필리핀 제도의 동쪽에 있는 300개 이상의 섬으로 이루어졌어요. 젤리피쉬 레이크섬은 '해파리 호수'란 뜻이에요. 독성이 약한 해파리와 같이 수영할 수 있어요.

바이는 팔라우의
전통 집회 장소예요.

젤리피쉬 레이크

피지 공화국

Republic of Fiji

수도 수바　**면적** 1만 8,333㎢
인구 약 90만 3,000명　**주요 언어** 영어, 피지어, 힌디어
종횡비 1 : 2

'유니언 잭'은 피지가 영국 연방의
일원임을 나타내요.

태평양의 물색을
나타내는 파랑

방패 모양의 국장에는 '성 게오르기우스 십자'가 그려져 있어요.
영국 왕실을 나타내는 사자, 사탕수수, 코코야자, 올리브 가지를
물고 있는 비둘기, 바나나, 범선이 있어요.

남태평양 한가운데 있는 섬나라예요. 예전부터 무역의 거점이 되어, 많은 민족과 문화가 뒤섞이는 곳이에요. 노래와 춤이 어우러진 전통 의식 메케가 있어요. 손님을 환영하거나 죽음을 애도하는 등 중요한 행사에서 이루어져요.

전통 메케 댄스에는
이야기가 담겨 있으며
부채나 창을 들고 춤을 춰요.

스리 시바 수브라마니야 스와미 사원

마셜 제도 공화국

Republic of the Marshall Islands

수도 마주로 **면적** 182㎢
인구 약 5만 9,000명 **주요 언어** 마셜어, 영어
종횡비 10 : 19

태양의 24개의 빛은 자치 구역의 수를 나타내고, 4개의 긴 빛은 십자가 또는 4개의 주요 섬을 나타내요.

오렌지색과 흰색의 사선 모양은 국가 미래의 발전을 의미해요.

용기를 나타내는 오렌지색

평화를 나타내는 하양

태평양을 나타내는 파랑

태평양 중서부에 있는 1,200개 이상의 섬으로 이루어졌어요. 산호초로 이루어진 섬이 연결된 모습에서 '진주 목걸이'라고 불리기도 해요. 파파야, 빵나무, 바나나 등 다양한 종류의 작물을 재배해요.

전통 춤

달게 지어서 둥글게 뭉친 밥에 코코넛 가루를 뿌려 먹어요.

마이크로네시아 연방

Federated States of Micronesia

수도 팔리키르 **면적** 705㎢
인구 약 11만 3,000명 **주요 언어** 영어, 8개 토착 언어
종횡비 10 : 19

4개의 별은 연방을 구성하는 4개의 큰 추크 제도, 폰페이섬, 야프섬, 코스라에섬을 나타내요.

남태평양을 나타내는 파랑

별의 배치는 십자형으로 기독교와 '남십자성'을 나타내요.

태평양 서쪽에 위치하며 동서 약 2,500km의 해상에 펼쳐진 4개의 주와 600개 이상의 섬으로 이루어졌어요. 야프섬에는 특별한 날에 추는 전통 춤 추루와 거대한 돌로 만들어진 화폐 라이가 있어요.

전통 춤 추루

라이. 구멍난 돌로 화폐 역할을 해요.

191

알면 더 재미있는 국기 이야기

국제 연합, 유럽 연합, 동남아시아 국가 연합, 올림픽기·심벌

나라의 국기 외에도 특별하게 쓰이는 4개의 국제기구 기가 있어요.

첫 번째는 1945년에 설립된 국제 연합(UN)이에요. 세계 평화와 안전 유지, 경제·사회·문화·인도적 문제 등의 해결을 위해 국제 협력을 증진시키는 것을 목적으로 한 국제기구예요. 1947년 제정된 국제 연합의 기에는 북극을 중심으로 한 남위 60°까지의 세계 지도와 올리브 가지가 그려져 있어요. 올리브는 《구약성경》 '노아의 방주' 이야기에 나오는 평화의 상징이에요.

두 번째는 유럽 연합(EU)이에요. 유럽의 안전 보장과 경제적 통합을 목표로 한 국제기구예요. 국가 간 사람과 물자의 왕래를 자유롭게 하고, 단일 통화로 유로를 도입했어요. 유럽 연합의 기에는 12개의 별이 원형을 이루고 있어요. 이것은 완벽·충실을 표현하는 숫자로, 고대 그리스의 원을 이미지로 바꾼 것이에요.

세 번째는 동남아시아 국가 연합(ASEAN)이에요. 동남아시아 10개국이 가맹하여 경제 성장, 사회·문화 발전을 목적으로 해요. 기에 사용된 파랑·빨강·하양·노랑은 회원국을 나타내요. 기의 중심에 그려진 묶인 볏짚은 동남아시아 나라들이 우호와 연대로 연결되어 있음을 의미해요.

올림픽 심벌은 '근대 올림픽의 아버지' 피에르 드 쿠베르탱의 제안에 의한 것이에요. 1914년 올림픽기가 채택되었지만, 1920년 앤트워프 올림픽부터 사용되었어요. 올림픽기는 흰 바탕에 파랑·노랑·검정·초록·빨강의 색으로 이루어졌어요. 5개의 동그라미는 오대륙과 유대를 나타내요. 동그라미 오색에 바탕색인 하양을 더해 여섯 가지 색을 사용하면, 당시의 세계 국기를 거의 그릴 수 있어요.

국제 연합

유럽 연합

동남아시아 국가 연합

올림픽기

한눈에 보는 세계 국기

국기 사이즈는 국제 연합(UN)과 올림픽에서 사용하는 세로·가로 2:3의 비율을 기준으로 합니다. 하지만 네팔과 바티칸은 예외로 비율이 다릅니다.

 아시아

이라크 공화국	카타르국

아제르바이잔 공화국	이란 이슬람 공화국	한국 (대한민국)

아프가니스탄 이슬람 공화국	인도 공화국	캄보디아 왕국

아랍 에미리트 연합국	인도네시아 공화국	북한 (조선 민주주의 인민 공화국)

아르메니아 공화국	우즈베키스탄 공화국	키르기즈 공화국 (키르기스스탄)
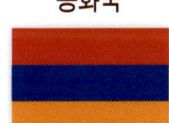		

예멘 공화국	오만 왕국	쿠웨이트국

이스라엘	카자흐스탄 공화국	사우디아라비아 왕국

※ 오른쪽은 구정권의 기로 탈레반이 아프가니스탄 이슬람 토후국으로 발표한 기예요.

조지아	중국 (중화 인민 공화국)	팔레스타인	말레이시아	**유럽**	우크라이나	크로아티아 공화국

시리아 아랍 공화국	투르크메니스탄	방글라데시 인민 공화국	미얀마 연방 공화국	아이슬란드 공화국	에스토니아 공화국	코소보 공화국
	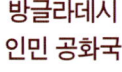					

싱가포르 공화국	튀르키예 공화국	동티모르 민주 공화국	몰디브 공화국	아일랜드 공화국	오스트리아 공화국	산마리노 공화국
				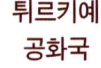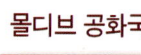		

스리랑카 민주 사회주의 공화국	일본	필리핀 공화국	몽골	알바니아 공화국	네덜란드 왕국	스위스 연방

태국 (타이 왕국)	네팔 연방 민주 공화국	부탄 왕국	요르단 하심 왕국	안도라 공국	북마케도니아 공화국	스웨덴 왕국
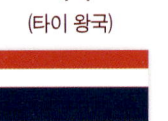						

대만 (중화민국)	바레인 왕국	브루나이 다루살람	라오 인민 민주주의 공화국	영국 (그레이트브리튼과 북아일랜드 연합 왕국)	사이프러스 공화국	스페인 왕국

타지키스탄 공화국	파키스탄 이슬람 공화국	베트남 사회주의 공화국	레바논 공화국	이탈리아 공화국	그리스 공화국	슬로바키아 공화국

슬로베니아 공화국

헝가리 공화국

보스니아 헤르체고비나

리투아니아 공화국

세르비아 공화국

핀란드 공화국

포르투갈 공화국

리히텐슈타인 공국

체코 공화국

프랑스 공화국

몰타 공화국

루마니아

덴마크 왕국

불가리아 공화국

모나코 공국

룩셈부르크 대공국

독일 연방 공화국

벨라루스 공화국

몰도바 공화국

러시아 연방

노르웨이 왕국

벨기에 왕국

몬테네그로

바티칸 시국 (교황청)

폴란드 공화국

라트비아 공화국

아프리카

에리트레아

기니비사우 공화국

알제리 인민 민주 공화국

가나 공화국

케냐 공화국

앙골라 공화국

카보베르데 공화국

코트디부아르 공화국

우간다 공화국

가봉 공화국

코모로 연방

이집트 아랍 공화국

카메룬 공화국

콩고 공화국

에스와티니 왕국

감비아 공화국

콩고 민주 공화국

에티오피아 연방 민주 공화국

기니 공화국

상투메 프린시페 민주 공화국

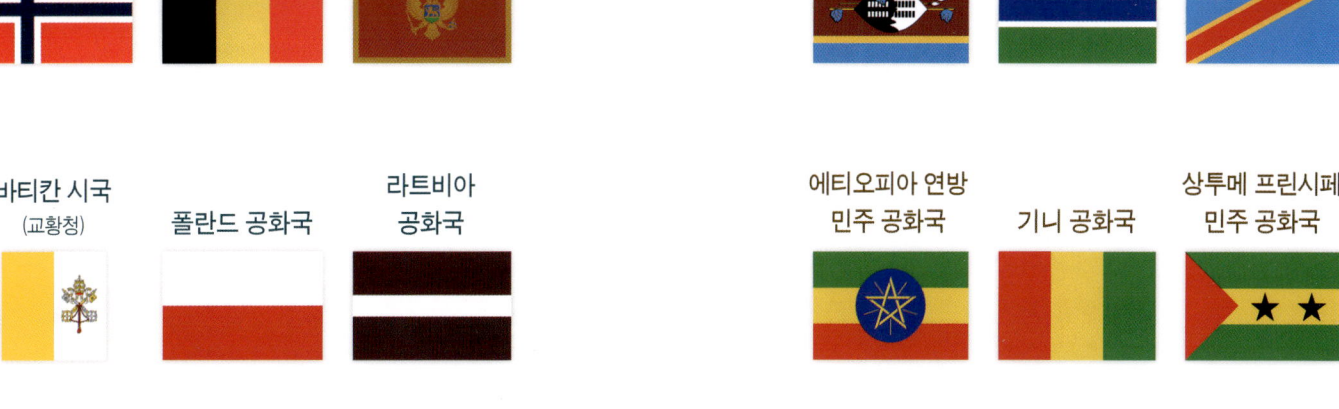

잠비아 공화국	세네갈 공화국	나이지리아 연방 공화국	마다가스카르 공화국	모잠비크 공화국	북·중앙 아메리카	그레나다

시에라리온 공화국	소말리아 연방 공화국	나미비아 공화국	말라위 공화국	모로코 왕국	미국 (미합중국)	코스타리카 공화국

지부티 공화국	탄자니아 합중국	니제르 공화국	말리 공화국	리비아	앤티가 바부다	자메이카

짐바브웨 공화국	차드 공화국	부르키나파소	남아프리카 공화국	라이베리아 공화국	엘살바도르 공화국	세인트키츠 네비스 연방
					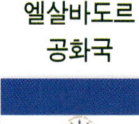 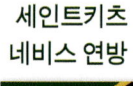	
수단 공화국	중앙아프리카 공화국	부룬디 공화국	남수단 공화국	르완다 공화국	캐나다	세인트빈센트 그레나딘
	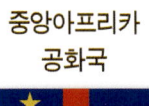					
세이셸 공화국	튀니지 공화국	베냉 공화국	모리셔스 공화국	레소토 왕국	쿠바 공화국	세인트루시아

적도기니 공화국	토고 공화국	보츠와나 공화국	모리타니 이슬람 공화국		과테말라 공화국	도미니카 공화국

도미니카 연방	벨리즈	**남아메리카**	칠레 공화국	**오세아니아**	통가 왕국	피지 공화국

트리니다드 토바고 공화국	온두라스 공화국	아르헨티나 공화국	파라과이 공화국	호주 (오스트레일리아 연방)	나우루 공화국	마셜 제도 공화국
				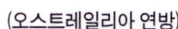		
니카라과 공화국	멕시코 합중국	우루과이 동방 공화국	브라질 연방 공화국	키리바시 공화국	니우에	미크로네시아 연방
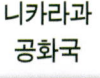						
아이티 공화국		에콰도르 공화국	베네수엘라 볼리바르 공화국	쿡 제도	뉴질랜드	

파나마 공화국		가이아나 공화국	페루 공화국	사모아 독립국	바누아투 공화국	

바하마 연방		콜롬비아 공화국	볼리비아 다민족국	솔로몬 제도	파푸아뉴기니 독립국	

바베이도스		수리남 공화국		투발루	팔라우 공화국	

나라별 국기 찾기 (가나다 순)

ㄱ

- 가나 공화국 …………………… 113
- 가봉 공화국 …………………… 114
- 가이아나 공화국 ……………… 172
- 감비아 공화국 ………………… 116
- 과테말라 공화국 ……………… 154
- 그레나다 ……………………… 156
- 그리스 공화국 ………………… 73
- 기니 공화국 …………………… 117
- 기니비사우 공화국 …………… 117

ㄴ

- 나미비아 공화국 ……………… 133
- 나우루 공화국 ………………… 187
- 나이지리아 연방 공화국 ……… 132
- 남수단 공화국 ………………… 141
- 남아프리카 공화국 …………… 140
- 네덜란드 왕국 ………………… 70
- 네팔 연방 민주 공화국 ………… 44
- 노르웨이 왕국 ………………… 86
- 뉴질랜드 ……………………… 188
- 니우에 ………………………… 187
- 니제르 공화국 ………………… 133
- 니카라과 공화국 ……………… 161

ㄷ

- 대만(중화민국) ………………… 37
- 덴마크 왕국 …………………… 84
- 도미니카 공화국 ……………… 159
- 도미니카 연방 ………………… 160
- 독일 연방 공화국 ……………… 85
- 동티모르 민주 공화국 ………… 49

ㄹ

- 라오 인민 민주주의 공화국 …… 59
- 라이베리아 공화국 …………… 145
- 라트비아 공화국 ……………… 98
- 러시아 연방 …………………… 102
- 레바논 공화국 ………………… 59
- 레소토 왕국 …………………… 146
- 루마니아 ……………………… 100
- 룩셈부르크 대공국 …………… 101
- 르완다 공화국 ………………… 146
- 리비아 ………………………… 145
- 리투아니아 공화국 …………… 99
- 리히텐슈타인 공국 …………… 99

ㅁ

- 마다가스카르 공화국 ………… 137
- 마셜 제도 공화국 ……………… 191
- 말라위 공화국 ………………… 138
- 말레이시아 …………………… 54
- 말리 공화국 …………………… 139
- 멕시코 합중국 ………………… 166
- 모나코 공국 …………………… 97
- 모로코 왕국 …………………… 144
- 모리셔스 공화국 ……………… 142
- 모리타니 이슬람 공화국 ……… 142
- 모잠비크 공화국 ……………… 143
- 몬테네그로 …………………… 98
- 몰도바 공화국 ………………… 97
- 몰디브 공화국 ………………… 56
- 몰타 공화국 …………………… 96
- 몽골 …………………………… 57
- 미국(미합중국) ………………… 149
- 미얀마 연방 공화국 …………… 55
- 미크로네시아 연방 …………… 191

ㅂ

- 바누아투 공화국 ……………… 189
- 바레인 왕국 …………………… 45
- 바베이도스 …………………… 164
- 바티칸 시국(교황청) …………… 86
- 바하마 연방 …………………… 163
- 방글라데시 인민 공화국 ……… 48
- 베냉 공화국 …………………… 135
- 베네수엘라 볼리바르 공화국 … 177
- 베트남 사회주의 공화국 ……… 53
- 벨기에 왕국 …………………… 92
- 벨라루스 공화국 ……………… 91
- 벨리즈 ………………………… 164
- 보스니아 헤르체고비나 ……… 94
- 보츠와나 공화국 ……………… 136
- 볼리비아 다민족국 …………… 180
- 부룬디 공화국 ………………… 134
- 부르키나파소 ………………… 134
- 부탄 왕국 ……………………… 52
- 북마케도니아 공화국 ………… 72
- 북한(조선 민주주의 인민 공화국) … 30
- 불가리아 공화국 ……………… 91
- 브라질 연방 공화국 …………… 176
- 브루나이 다루살람 …………… 52

ㅅ

- 사모아 독립국 ………………… 185
- 사우디아라비아 왕국 ………… 32
- 사이프러스 공화국 …………… 72
- 산마리노 공화국 ……………… 76
- 상투메 프린시페 민주 공화국 … 122
- 세네갈 공화국 ………………… 127
- 세르비아 공화국 ……………… 82
- 세이셸 공화국 ………………… 126
- 세인트루시아 ………………… 159
- 세인트빈센트 그레나딘 ……… 158
- 세인트키츠 네비스 연방 ……… 158
- 소말리아 연방 공화국 ………… 128
- 솔로몬 제도 …………………… 185
- 수단 공화국 …………………… 124
- 수리남 공화국 ………………… 174
- 스리랑카 민주 사회주의 공화국 … 35
- 스웨덴 왕국 …………………… 79

스위스 연방 ················· 77
스페인 왕국 ················· 80
슬로바키아 공화국 ············· 81
슬로베니아 공화국 ············· 81
시리아 아랍 공화국 ············ 33
시에라리온 공화국 ············ 123
싱가포르 공화국 ·············· 34

ㅇ

아랍 에미리트 연합국 ··········· 18
아르메니아 공화국 ············· 18
아르헨티나 공화국 ············ 169
아이슬란드 공화국 ············· 63
아이티 공화국 ··············· 161
아일랜드 공화국 ·············· 63
아제르바이잔 공화국 ············ 15
아프가니스탄 이슬람 공화국 ······ 16
안도라 공국 ·················· 64
알바니아 공화국 ·············· 64
알제리 인민 민주 공화국 ······· 105
앙골라 공화국 ··············· 106
앤티가 바부다 ··············· 151
에리트레아 ·················· 112
에스와티니 왕국 ············· 109
에스토니아 공화국 ············· 68
에콰도르 공화국 ············· 171
에티오피아 연방 민주 공화국 ···· 110
엘살바도르 공화국 ············ 151
영국(그레이트 브리튼과 북아일랜드 연합 왕국) ··· 65
예멘 공화국 ·················· 19
오만 왕국 ··················· 26
오스트리아 공화국 ············· 69
온두라스 공화국 ············· 165
요르단 하심 왕국 ·············· 58
우간다 공화국 ··············· 107
우루과이 동방 공화국 ········· 170
우즈베키스탄 공화국 ············ 26
우크라이나 ··················· 68
이라크 공화국 ················ 21
이란 이슬람 공화국 ············ 22
이스라엘 ····················· 20
이집트 아랍 공화국 ··········· 108

이탈리아 공화국 ·············· 67
인도 공화국 ·················· 23
인도네시아 공화국 ············· 25
일본 ························ 43

ㅈ

자메이카 ··················· 157
잠비아 공화국 ··············· 122
적도기니 공화국 ············· 126
조지아 ······················ 33
중국(중화 인민 공화국) ········ 40
중앙아프리카 공화국 ·········· 130
지부티 공화국 ··············· 123
짐바브웨 공화국 ············· 124

ㅊ

차드 공화국 ················ 130
체코 공화국 ················· 83
칠레 공화국 ················ 174

ㅋ

카메룬 공화국 ··············· 116
카보베르데 공화국 ············ 114
카자흐스탄 공화국 ············· 27
카타르국 ···················· 27
캄보디아 왕국 ················ 29
캐나다 ····················· 152
케냐 공화국 ················· 118
코모로 연방 ················· 120
코소보 공화국 ················ 76
코스타리카 공화국 ············ 156
코트디부아르 공화국 ·········· 119
콜롬비아 공화국 ············· 173
콩고 공화국 ················· 120
콩고 민주 공화국 ············ 121
쿠바 공화국 ················ 153
쿠웨이트국 ··················· 31
쿡 제도 ···················· 184
크로아티아 공화국 ············· 74
키르기즈 공화국(키르기스스탄) ····· 31

키리바시 공화국 ············· 184

ㅌ

타지키스탄 공화국 ············· 39
탄자니아 합중국 ············· 129
태국(타이 왕국) ·············· 36
토고 공화국 ················ 131
통가 왕국 ··················· 186
투르크메니스탄 ··············· 41
투발루 ····················· 186
튀니지 공화국 ··············· 131
튀르키예 공화국 ·············· 42
트리니다드 토바고 공화국 ····· 160

ㅍ

파나마 공화국 ··············· 163
파라과이 공화국 ············· 175
파키스탄 이슬람 공화국 ········ 46
파푸아뉴기니 독립국 ·········· 189
팔라우 공화국 ··············· 190
팔레스타인 ··················· 47
페루 공화국 ················ 179
포르투갈 공화국 ·············· 95
폴란드 공화국 ················ 93
프랑스 공화국 ················ 89
피지 공화국 ················ 190
핀란드 공화국 ················ 88
필리핀 공화국 ················ 51

ㅎ

한국(대한민국) ··············· 28
헝가리 공화국 ················ 87
호주(오스트레일리아 연방) ····· 183

감수의 말
후키우라 타다마사

국기를 아는 것은 그 나라를 이해하는 첫걸음입니다. 국기에는 각 나라 사람들의 여러 생각과 나라의 자긍심, 정치, 종교, 경제, 역사, 지리적 위치, 산물, 동식물 등 여러 요소가 담겨 있습니다. 그래서 국기는 볼 때마다 재밌고 새롭게 다가옵니다.

저는 90개국의 수많은 나라를 방문했습니다. 그때마다 국기 일람표나 책을 가지고 갑니다. 국기를 먼저 알고 그 나라를 들여다보면 문화와 전통을 더 깊이 이해하고 존중하게 됩니다.

초등학교 4학년 때부터 국기에 관심을 갖기 시작했습니다. 담임선생님께 "북유럽 나라들의 국기에는 십자가가 많은데 왜 그런가요?"라고 질문했던 게 아직도 기억에 남습니다. 국기에 담긴 의미와 특징이 신기하고 재밌었습니다. 점점 국기의 매력에 빠졌고 성실하게 공부했습니다. 국기에 대한 이해가 깊어진 덕분에 70년 동안 즐거운 인생을 보냈습니다.

이 책은 오카타오카 씨의 일러스트와 이케다 마스미 씨의 남다른 노력으로 완성되었습니다. 책을 만드는 동안 나라 이름이 변경되기도 하고 국기가 바뀌기도 했습니다. 더불어 국제 정세를 반영해야 했기 때문에 기획부터 완성까지 꽤 오랜 시간이 걸렸습니다.

하지만 세 명의 노력이 결실을 맺어 세계 각국의 국기와 그 속에 담긴 풍부한 이야기를 전할 수 있게 되었습니다. 분명 여러분도 만족하실 거라 생각합니다. 개인적인 이야기지만 저에게는 초등학교 3학년부터 고등학교 1학년까지 5명의 손자가 있습니다. 국기에 대한 여러 책을 출판했지만 손자들에게 가장 자랑스러운 책을 만들었다고 확신합니다.

여러분도 각 나라의 아름다운 국기를 탐험하며 멋진 세계 여행을 즐기길 바랍니다.